目次

05 第1話 現地調査
敷地のどこを見てるんだ!

37 第2話 給排水衛生設備の設計
そこに職人への愛はあるか?

71 第3話 空調換気設備の設計
デザインと性能の狭間で

107 第4話 電気・通信設備の設計
大切なのは「想像力」

149 第5話 省エネ設備の計画
新しければよいというものでも

本書は建築知識創刊60周年を記念し、ご好評いただいたエクスナレッジムック「ストーリーで面白いほど頭に入る建築設備」(2011年12月刊)を復刊したものです。

編集協力 藤盛裕司（キャデック）
装丁 稲葉英樹、泉眞史（meu-jp）

第1話　現地調査

敷地のどこを見てるんだ！

見てみな、建太
あの家、お父さんが
つくったんだよ
ふんっ!
全然すごくないよ
あんなの
ふふっ
あんたったら
じゃあさ、将来
父さんよりすごい家
姉ちゃんにつくってよ
えっ…わ、わかったよ
そんなの余裕だって!
みてろよっ!
絶対オレが父ちゃんより
すんげー家、姉ちゃんに
プレゼントしてやっからさ!!
小さい頃から
姉ちゃんは母親のように
オレを育ててくれた
いつか、そんな姉ちゃんに
恩返しをするんだって…
ずっと、そう思って
いた——

15年後
おい、建太！何回同じようなミスやってんだ!!
菅谷設計事務
まったく、こんな初歩的なミス…
迷惑だ！一級建築士免許返してこいっ!!
いちいちうっせーんだよクソオヤジ!!
しゃーねーだろ！前の会社じゃ、戸建ての設計なんかまったくやってなかったんだからよ
そもそも前の会社が倒産しなかったらオヤジの世話になんかなってねぇーつーんだよ！
イヤならほか行けあ、ほかのところは全部落ちたんだっけか？
んだと！ジジイ!!
ガチャ…
おうちのなかで大きな声出しちゃいけませんよっ!!

ジージと建太ったらもーーー！
こらこらナナミ あんたが一番うるさいわよ…
ごめんね父さん急に この子、病院に連れて行った帰りなの
病院ってまたぜんそくか？
ガー
ガオ、
うん、まあ… 今日は定期検診みたいなもんだから
あら、友子ちゃん久しぶり
ヒソヒソ
うっせーな ねーちゃんには関係ないだろ
ガオッ
建太、ちょっとは父さんと仲良くしなさいよ あんた、一応、雇われの身なんだから
そーだよ 関係ないんだ… 姉ちゃんには…
子供の頃、建築士になれば家なんてすぐに建てられると思ってた…
親父みたいに家建てて… そんで…
でもーー
プルルルル…

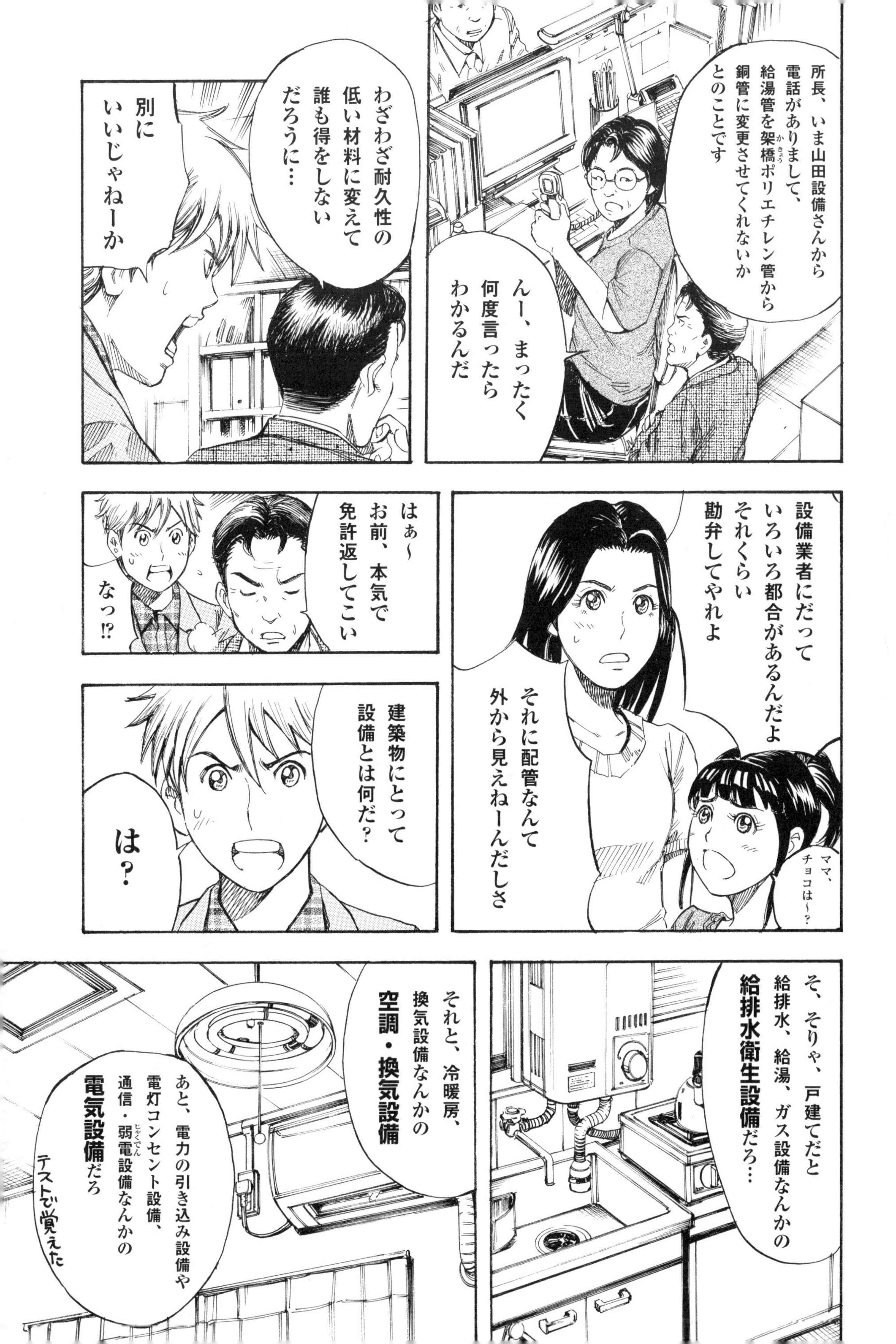
所長、いま山田設備さんから電話がありまして、給湯管を架橋《かきょう》ポリエチレン管から銅管に変更させてくれないかとのことです
んー、まったく何度言ったらわかるんだ
わざわざ耐久性の低い材料に変えて誰も得をしないだろうに…
別にいいじゃねーか
設備業者にだっていろいろ都合があるんだよ それくらい勘弁してやれよ
それに配管なんて外から見えねーんだしさ
ママ、チョコは～？
はぁ～ お前、本気で免許返してこい
なっ!?
建築物にとって設備とは何だ？
は？
そ、そりゃ、戸建てだと給排水、給湯、ガス設備なんかの給排水衛生設備だろ…
それと、冷暖房、換気設備なんかの空調・換気設備
あと、電力の引き込み設備や電灯コンセント設備、通信・弱電《じゃくでん》設備なんかの電気設備だろ
テストで覚えた

教科書的に言えばそうだろうだが、私はそういうことを聞いてるんじゃない
はぁ？
いいか建築設備とは
一言で言えば
建物という体を動かす臓器であり神経だ！
快適に生活を送れるかどうかはすべて設備の計画にかかっている!!
あ？・？
？。
キー
ふぅ～
いいだろうもう少しわかりやすく説明してやろう

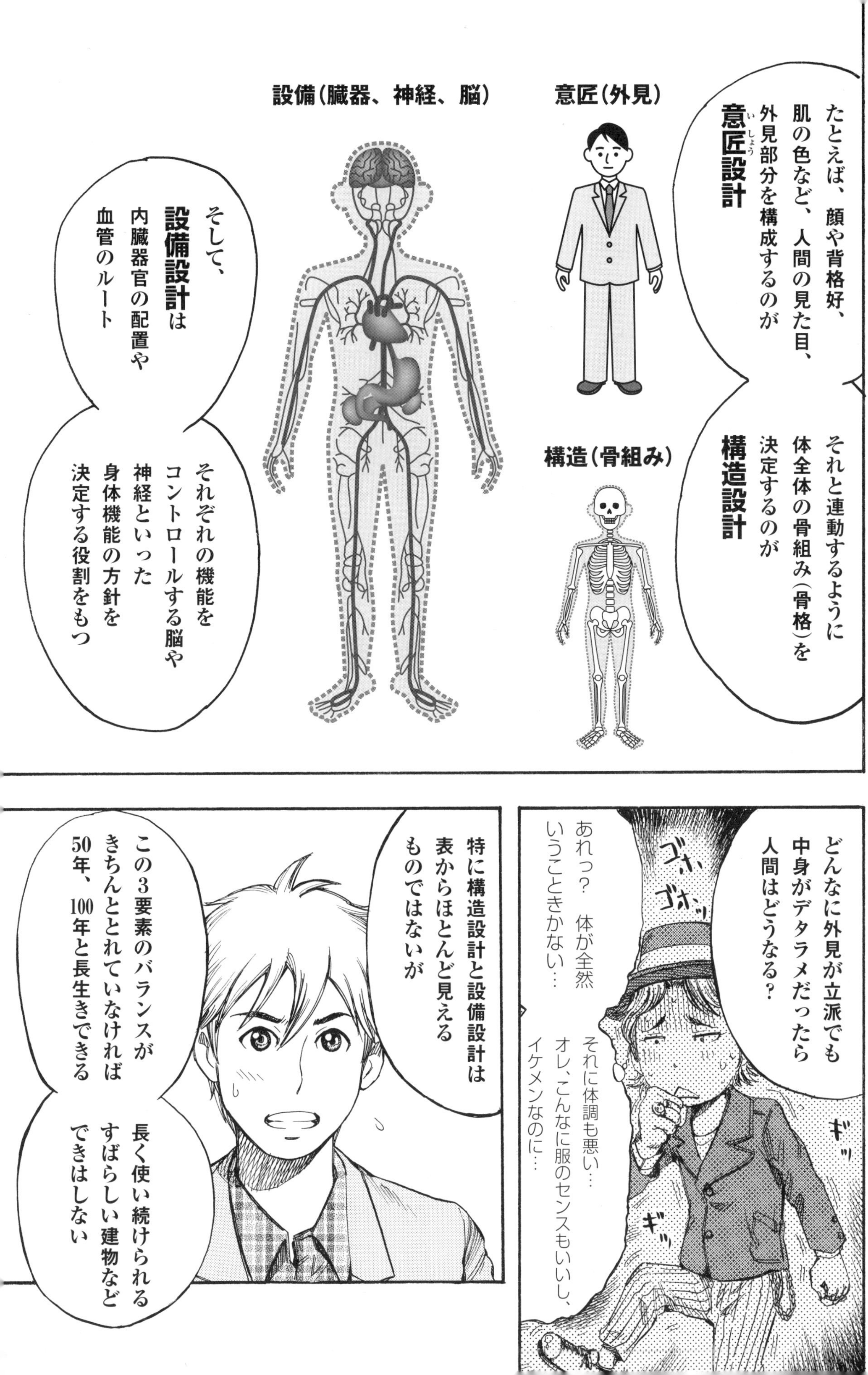
たとえば、顔や背格好、肌の色など、人間の見た目、外見部分を構成するのが
意《い》匠《しょう》設計
意匠（外見）
それと連動するように体全体の骨組み（骨格）を決定するのが
構造設計
構造（骨組み）
設備（臓器、神経、脳）
そして、設備設計は内臓器官の配置や血管のルート
それぞれの機能をコントロールする脳や神経といった身体機能の方針を決定する役割をもつ
どんなに外見が立派でも中身がデタラメだったら人間はどうなる？
ゴホッ
ゴホッ
あれっ？ 体が全然いうこときかない…
それに体調も悪い… オレ、こんなに服のセンスもいいし、イケメンなのに…
ギッ
ギッ
特に構造設計と設備設計は表からほとんど見えるものではないが
この3要素のバランスがきちんととれていなければ50年、100年と長生きできる
長く使い続けられるすばらしい建物などできはしない

建築設計の三大要素
意匠
構造
設備
ここからすばらしい建物が生まれる
だから、配管の材料1つとってもおろそかにはできんのだ
とりわけ近年は住宅における設備の割合が増えメンテナンスや更新を考慮した設備計画の重要性が高まっている
サスティナブルという言葉くらい、お前も知っているだろう
サ、サスティ…
う…
サスティナブルとはこの場合、耐久性の高い建物を指す
もー 子供ふえたらキッチン手ぜまになっちゃったなー
広いキッチンに換えようかしら…
チカ
チカ
あ、電機こわれてるね
あたらしい電機機器出たらしいから、そっちに換えよっかー
ライフスタイルの変化や新しい設備機器の登場で現代の建物は、建物自体よりも設備、人間でいうなら内臓のほうが寿命が短い
しかし、設備の改修工事が必要になったとき設備の更新をまったく考慮せず建てられた建物は…
配管なんかがいじれないんでこれだと建て替えた方が安いかも知れませんねー
どよ〜ん…
えー!ちょっと水廻りリフォームしようと思っただけなのにー!!
大がかりな工事が必要になり、莫大な費用がかかってしまう
その結果、家ごと建て替えざるを得ないという選択になってしまうこともある

こ、こわいわ…
ガオー
あら
こわい
こわい
そういったリスクを減らすために設計当初から将来を見据えて間取り・内装の変更やリフォームのしやすさ、設備のメンテナンス性や更新などを考え、
建物をなるべく長く耐久させて、建物による環境負荷を減らそうというのがサスティナブルという考え方だ
どんな立派な建物でもそれを生かすも殺すもすべては設備に配慮した設計にかかっていると私は思っている
意匠やコストを優先してたとえ配管1本でも設備をないがしろにするようなヤツは、そこに住む人間のことを真剣に考えていないということ
設計者としては失格だ!!

くっ…
そ、そうだ父さん
うちの土地はもう
見てくれたの？
あっ、すまん
今からちょうど給排水や電気、
ガスのインフラ設備の
調査に行くところ
だったんだ
まぁ、まかせておけ
お前ら夫婦の念願のマイホームだ
オレが最高の家を建てて
やるからな
あっ…
……
…あのね、父さん
そのことなんだけど
相談があるの
私さぁ、建太が
一級建築士の免許とったとき
お祝いとか何もしてあげられ
なかったから…
え？

なに———！
建太にお前の家の設計を任せてやりたいだ———!?
何の冗談だ!? 無理に決まってるだろ！
あら～…
弟思いなのも結構だが それじゃあロクな家は建たんぞ!!
カキーン
何よ！ その言い方!! そんなのやってみないと わかんないでしょ！
うっ！
建太はどうなのよっ！ やってくれるの？
えっ、あの…
無理だと言ってるだろ！ 高いカネ、ドブに捨てる気かっ！
私の家なんだから 勝手じゃないの!!
おい、オヤジ…

オレだって前の会社で遊んでたわけじゃねーんだ
人の実力も知らないくせに勝手に決めつけてんじゃねーぞ！
ほう…ペーペーのお前が実力ときたかおもしろい冗談だな
フンッ
何だと!!
ケンカしちゃダメ――――！
ぶうー！
ナ、ナナミ…
まぁ、そうだな…ちょうどいい今から友子が買った土地の現地調査に行く
ゴホゴホ
お前も設計者の端《はし》くれなら現地調査がどれだけ重要かわかるだろう
お前の言うその実力とやらを存分に見せてもらおうか

ブロロロ…

ところでさぁ
何すんの？
現地調査って？

家を建てるときは
大きな流れがあって
特に設備計画は
現地でいくつか大切なことを
自分の目で
確かめなければならない
この現地調査を
しっかりやっておかないと
後々必ず不都合が起こってくる

設備計画・設計の流れ

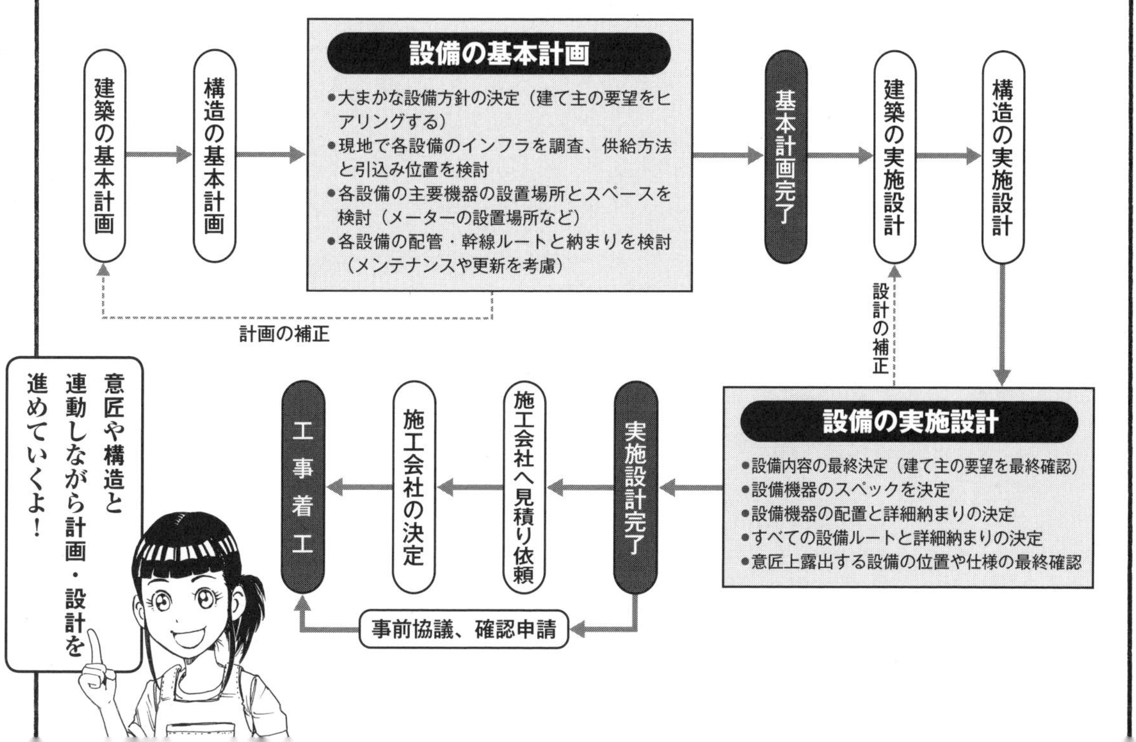
建築の基本計画
構造の基本計画
設備の基本計画
●大まかな設備方針の決定（建て主の要望をヒアリングする）
●現地で各設備のインフラを調査、供給方法と引込み位置を検討
●各設備の主要機器の設置場所とスペースを検討（メーターの設置場所など）
●各設備の配管・幹線ルートと納まりを検討（メンテナンスや更新を考慮）
計画の補正
基本計画完了
建築の実施設計
構造の実施設計
設計の補正
設備の実施設計
●設備内容の最終決定（建て主の要望を最終確認）
●設備機器のスペックを決定
●設備機器の配置と詳細納まりの決定
●すべての設備ルートと詳細納まりの決定
●意匠上露出する設備の位置や仕様の最終確認
実施設計完了
施工会社へ見積り依頼
施工会社の決定
工事着工
事前協議、確認申請
意匠や構造と連動しながら計画・設計を進めていくよ！

調べる個所は
いろいろあるが
まず確認したい
ことが2つある
キッ
それは何だ？
建太
え…2つ…
車ない…
そ、そりゃ、
やっぱあれだよ
ほら、あれ…
なんつったっけ…
あの四角い…
給水設備の調査
はぁ…
量水器《りょうすいき》（水道メーター）と
公設桝《こうせつます》（最終桝）の場所だ
特に、この土地のように
前に建っていた家を更地《さらち》に
戻したところはな
え？
へぇ～、なんで？
復活!!

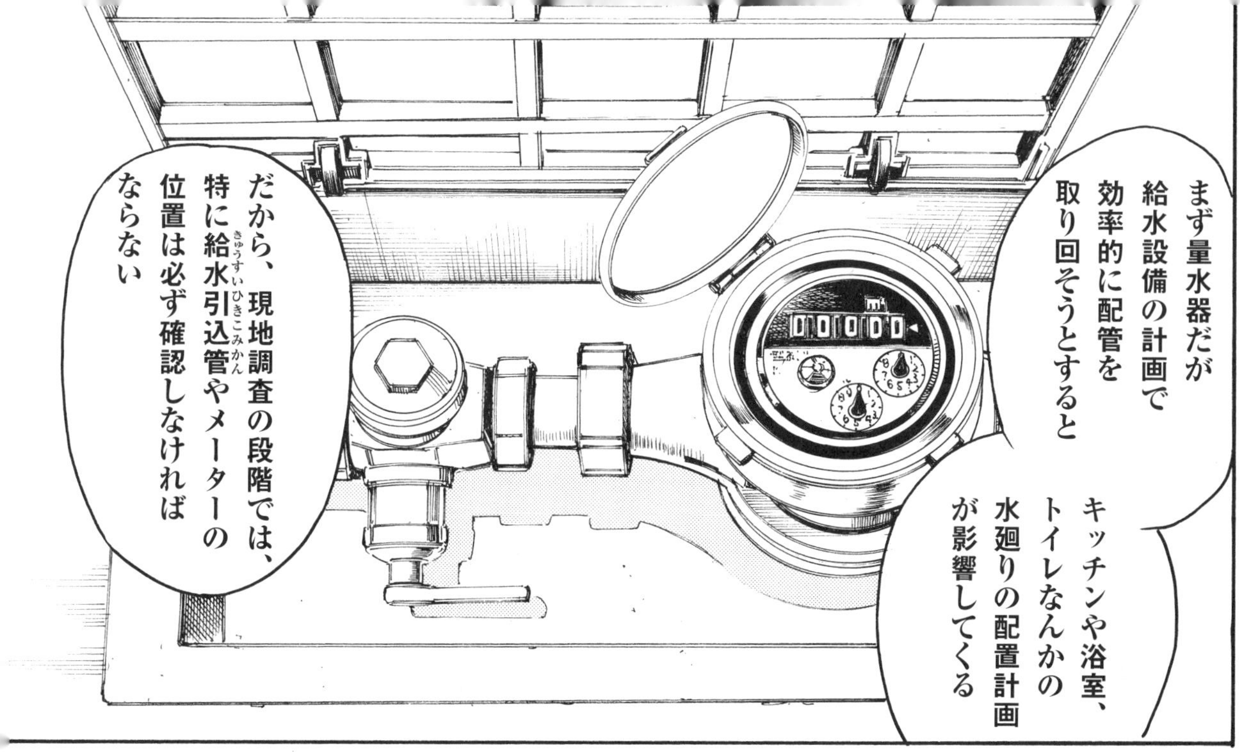
まず量水器だが給水設備の計画で効率的に配管を取り回そうとすると
キッチンや浴室、トイレなんかの水廻りの配置計画が影響してくる
だから、現地調査の段階では、特に給水《きゅうすい》引込管《ひきこみかん》やメーターの位置は必ず確認しなければならない

量水器の位置と水廻りの配置計画

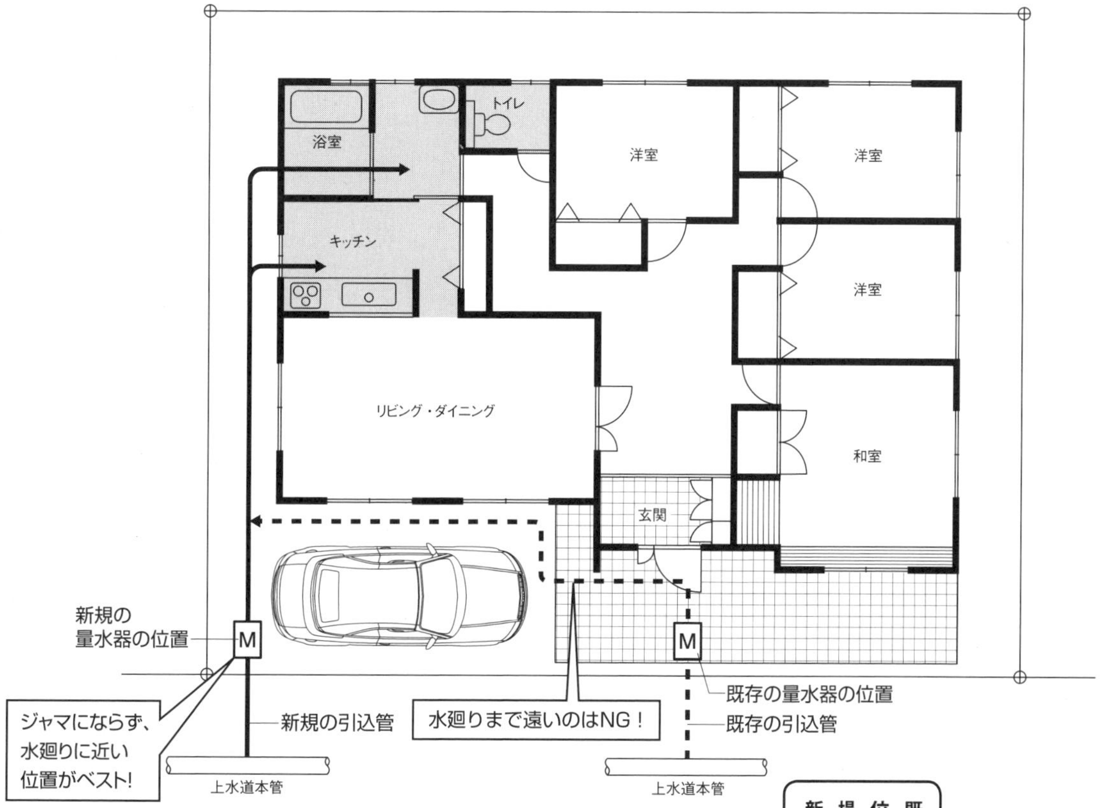
浴室
トイレ
キッチン
洋室
洋室
洋室
リビング・ダイニング
和室
玄関
新規の量水器の位置
M
M
既存の量水器の位置
ジャマにならず、水廻りに近い位置がベスト!
新規の引込管
水廻りまで遠いのはNG！
既存の引込管
上水道本管
上水道本管

既存の量水器の位置が悪くて移設する場合は、引込管も新設になるよ

よし、建太
量水器を
探してこい
は？
探せったって
こんな草ボーボーの
ところからどーやって…
あ、忘れてた
ほれ、水道局で
上水道台帳（※）の
コピーもらっといたから
…ジジイ
先に出しとけよ

※敷地内の配管図には個人情報が含まれるため、プライバシーの観点から土地の所有者（水道利用者）以外は上水道台帳を閲覧できない場合がある。設計者が閲覧するには、事前に申請書・委任状・申請費用などを用意しておく必要がある

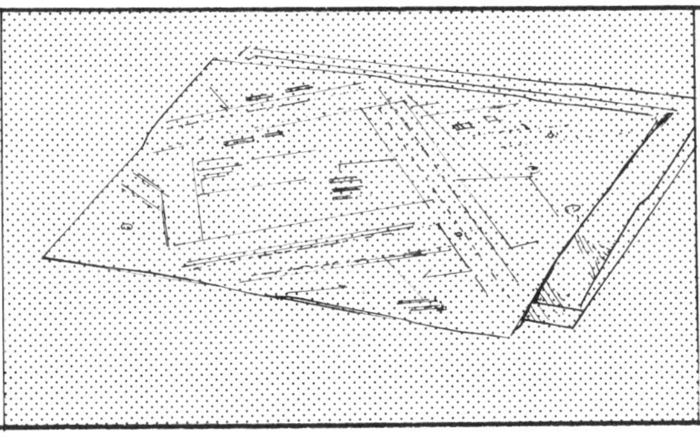

うわっ、あったけど
メッチャ埋まってんじゃ
ねーかよ…
わかんねーよ、
こんなの…
ガサッ
おーい、あったぞ
で？

で？じゃねーだろ人が泥だらけになって…
だから―― 口径《こうけい》は何ミリなんだ？
へっ？口径？
そんなの聞いてねーし！
はぁ… 若いヤツに現調《げんちょう》やらすとたいがいそうなんだよ「はい、ありました」ってそれで終わり
大きさとか、使えるかどうかとか、そういう基本的なことを何で確認しようとしないんだ？
あー！ムカつく!!
うー…
まぁまぁ
んー、メーターの口径は13ミリか… これだと水量がちょっと足りないか…
何かダメなの？
メーターの口径は水を送るパイプの太さつまり、一度にどれだけの水を使えるかに関係してくる

メーター口径の決め方

- 水道直結方式の場合は、簡易的に水栓《すいせん》の数からメーター口径を決定することが多い
- メーター口径が大きいほど使用水量も増える。これにより水道料金の基本料金が決まる
- 水道加入（負担）金が必要な場合は、給水引込管口径やメーター口径によって異なる場合があるので、水道局に確認する

戸建住宅 （目安）

メーター口径［㎜］	水栓数
13	1～4
20	5～13
25	14以上

注　口径による水栓数は各自治体によって異なるので注意

●メーター口径の目安

メーター口径 13㎜　日常生活に支障はないが、最新設備の導入時にはパワー不足を感じることもある

メーター口径 20㎜　現在一般的なメーター口径。最新のシャワーでも安心して使用できる。ただし、同時使用時には若干パワー不足となる

メーター口径 25㎜　シャワーとキッチンを同時使用しても十分な水量を確保できる

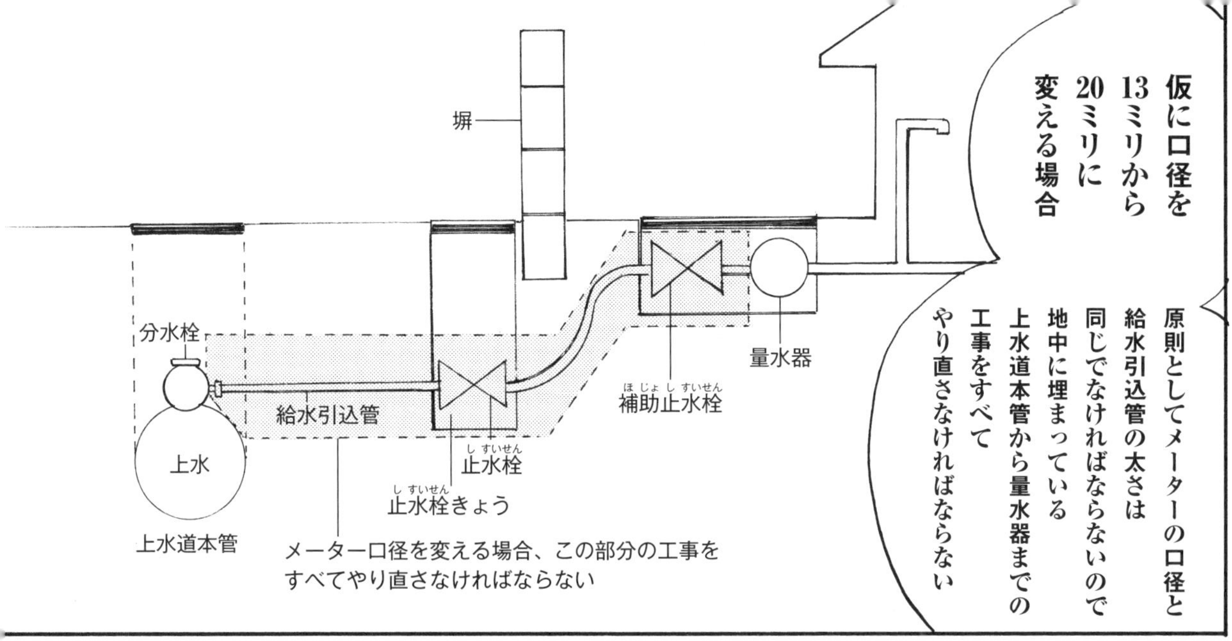
仮に口径を13ミリから20ミリに変える場合
原則としてメーターの口径と給水引込管の太さは同じでなければならないので地中に埋まっている上水道本管から量水器までの工事をすべてやり直さなければならない
塀
分水栓
給水引込管
上水
上水道本管
止水栓《しすいせん》
止水栓《しすいせん》きょう
補助止水栓《ほじょしすいせん》
量水器
メーター口径を変える場合、この部分の工事をすべてやり直さなければならない

ある程度の出費は覚悟しなければならないが今後子供が増えることなども見越して引込口径は太くしておいたほうがいいだろう
それに、工事をするなら20ミリでも25ミリでも工事費や毎月の基本料金に大差はないから私は25ミリをすすめている

給水設備の調査の流れ

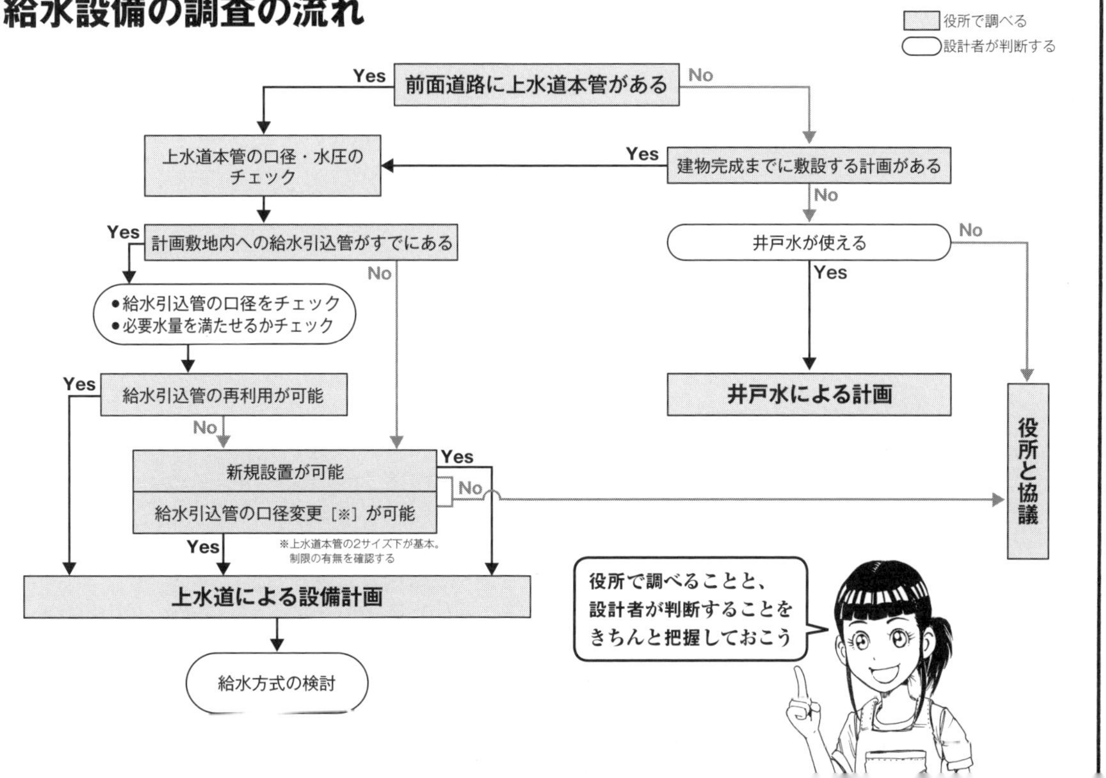
役所で調べる
設計者が判断する
前面道路に上水道本管がある
Yes
No
上水道本管の口径・水圧のチェック
建物完成までに敷設する計画がある
Yes
No
計画敷地内への給水引込管がすでにある
Yes
No
井戸水が使える
Yes
No
●給水引込管の口径をチェック
●必要水量を満たせるかチェック
給水引込管の再利用が可能
Yes
No
井戸水による計画
新規設置が可能
給水引込管の口径変更［※］が可能
Yes
No
※上水道本管の2サイズ下が基本。
制限の有無を確認する
役所と協議
上水道による設備計画
給水方式の検討
役所で調べることと、設計者が判断することをきちんと把握しておこう

ふ～ん、そういう出費も考えとかないといけないのね…帰って相談してみるわ
あとは給水方式だが2階建ての戸建てだと方式は何だ？
そ、そりゃ水道直結方式だろ…
バカにすんな！

水道直結方式…上水道本管の水圧で直圧給水する方式

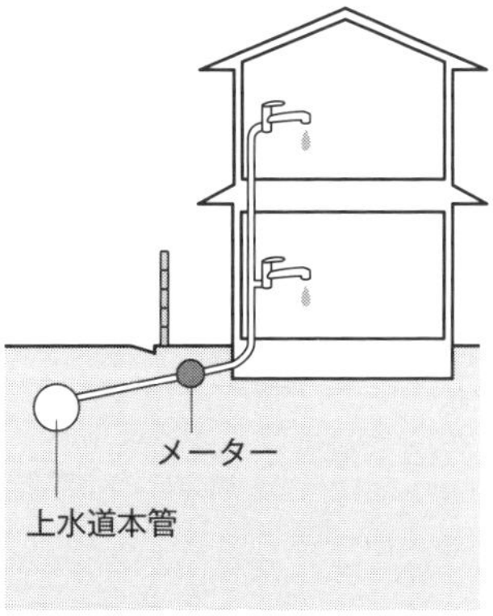
メーター
上水道本管

適する建物の規模	2階建て以下
給水の仕組み	上水道本管の圧力を利用して給水
給水圧力の変化	上水道本管の水圧に連動する
衛生面	上水が直接供給されるので水質汚染の可能性が少ない
断水時	給水できない
停電時	給水できる
機器スペースの確保	必要なし
注意点	地域によっては、上水道本管の水圧や材質などの条件が満たされれば、申請したうえで、5階建てまで直結方式が可能になる場合もある

ふん、まあそれくらいは当然かそれじゃ、次は排水設備に欠かせない公設桝《こうせつます》の確認だな
建太、なぜ公設桝の確認が大事なのかわかるな？
え、そんな愚問…当たり前だろ…
何？その公設桝って初めて聞いた…

公設桝というのは簡単に言えば
排水設備の調査
家庭から出た生活排水や雨水《うすい》などを、その桝を通して下水道本管に流すためのものだ
ふ～ん、でも何でそんなことすんの？
ここが面倒なところなんだが排水の方式は地域ごとに決まっていて、自分では選択できないんだ
ゴミだって、地域や処理場によって分別方式が違うだろ？あれと一緒だな
たとえば、雨水と生活排水をまとめて下水道本管に流す**合流方式**の地域
市街地の雨水排除のために都市下水路が整備されている地域では雨水のみを分けて流す**分流方式**
下水道や下水処理施設が整備されていない地域だと浄化槽《じょうかそう》を設置して敷地内で処理してから側溝《そくこう》なんかに流したりとか
うん知ってた
排水方式によって公設桝の数や用途が変わってくる
公設桝というのは使い方によってさまざまな種類がある排水方式に対応できる便利なものなんだ
へ～いろいろあるのね～

排水設備を調査する流れ

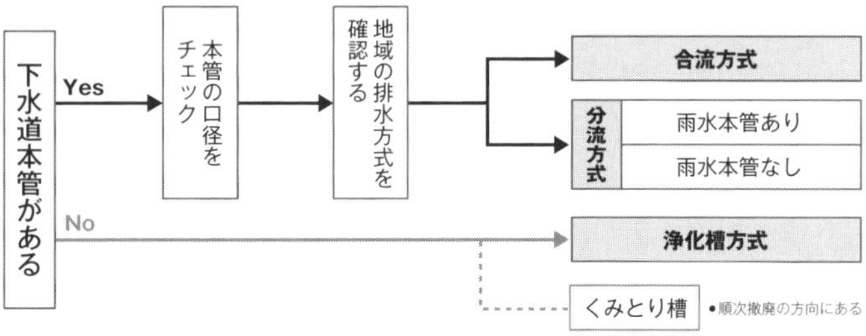

合流方式

●雨水と生活排水をまとめて
下水道本管へ放流

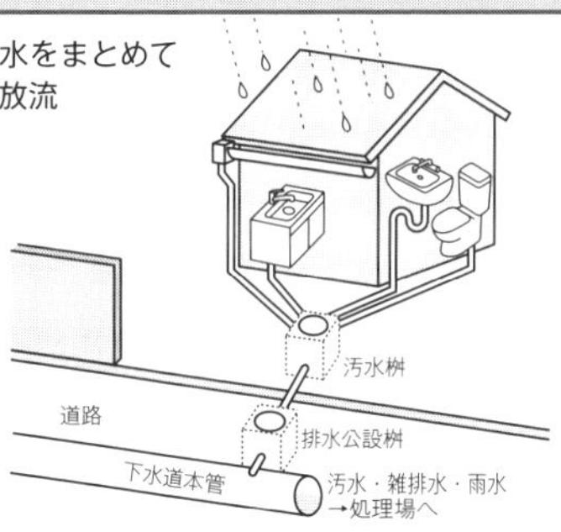

浄化槽方式

●生活排水は放流水質基準
などを満たしたうえで、
道路側溝などへ放流
●雨水は敷地内で処理
またはそのまま放流

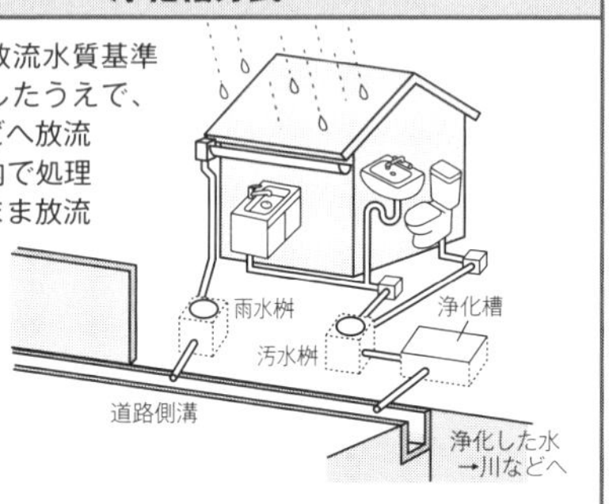

分流方式

雨水本管あり

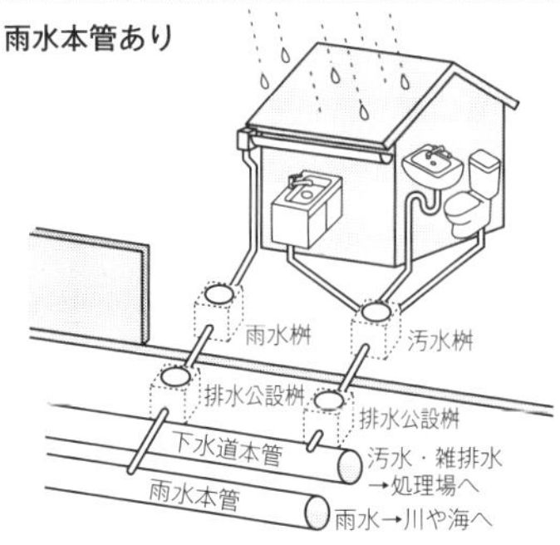

●雨水と生活排水を各本管へ放流

雨水本管なし

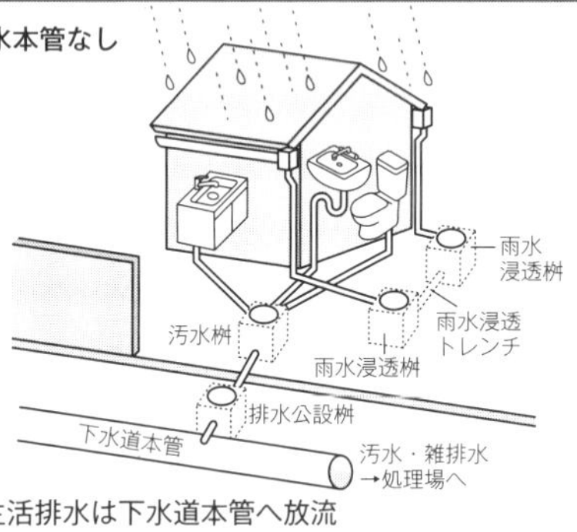

●生活排水は下水道本管へ放流
●雨水は敷地内で浸透処理（または道路側溝へ放流）

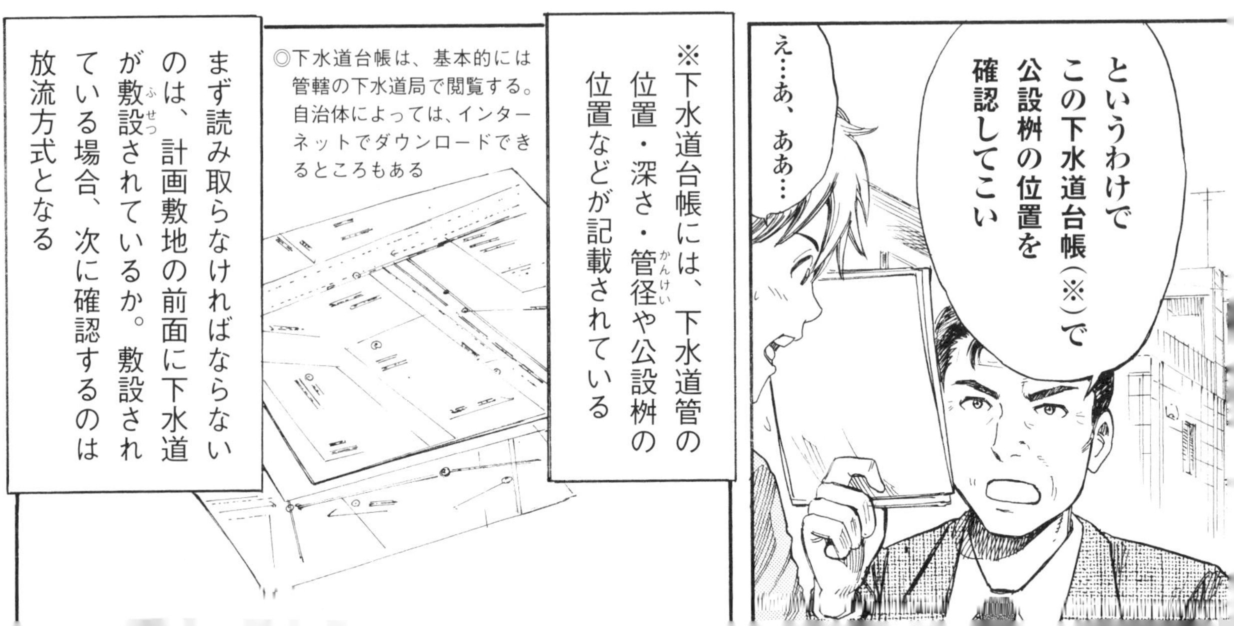

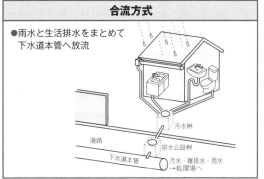

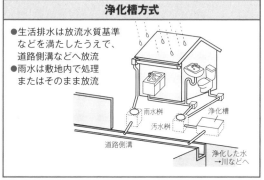

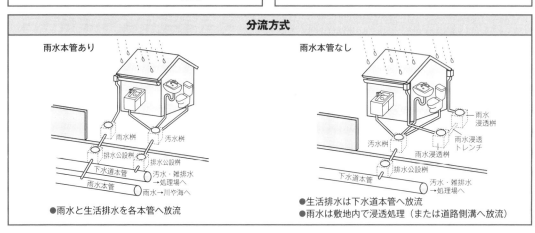

下水道台帳はこうなっている!

●主な記号の見かた

下水道管の種類
━━▶ 合流管（下水道本管）
━・━▶ 汚水管
・・・・▶ 雨水管

下水道管の断面形状
◉ 円形
□ 矩形
◉ 馬てい形

排水公設桝の種類
○ 汚水桝
● 雨水桝（道路排水用）
◩ 浸透雨水桝（雨水抑制一連桝）／道路排水用
◩◩ 浸透雨水桝（雨水抑制二連桝）／道路排水用
⊙ 小型汚水桝
⊗ 宅地排水用雨水桝

マンホール（人孔）の種類
▣ 矩形人孔（内法90×60cm）
◉ 円形人孔（内径90cm）
(○) 楕円形人孔（内径120×90cm）
○ 円形人孔（内径120cm）
◎ 円形人孔（内径150cm）
① 組立円形人孔（内径90cm）

合流方式

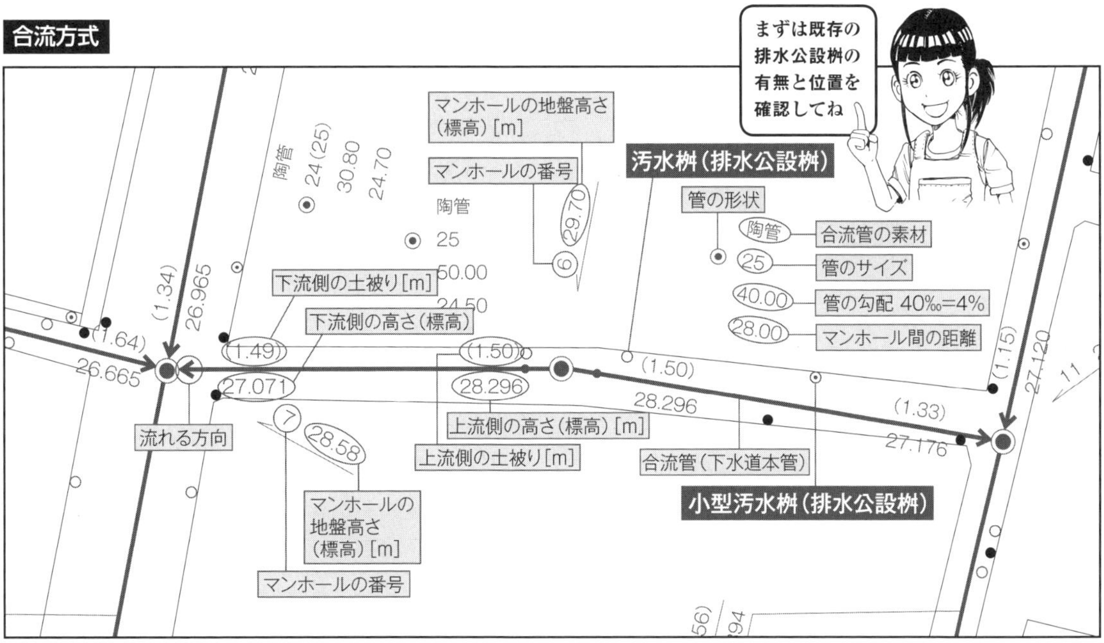

分流方式

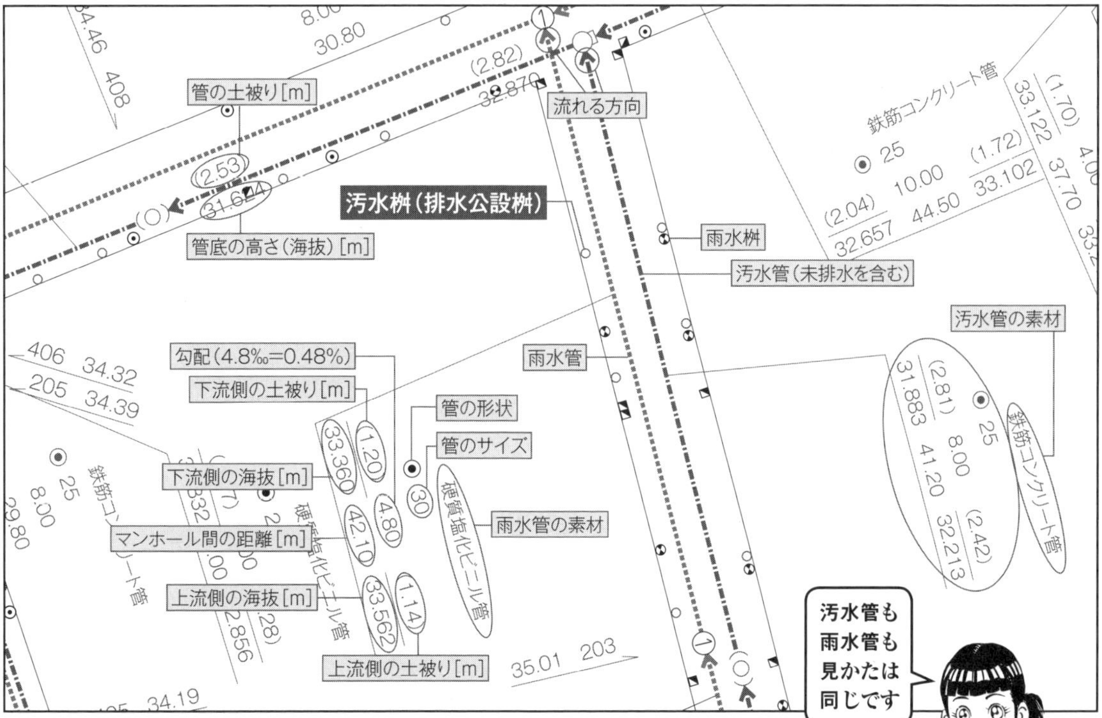

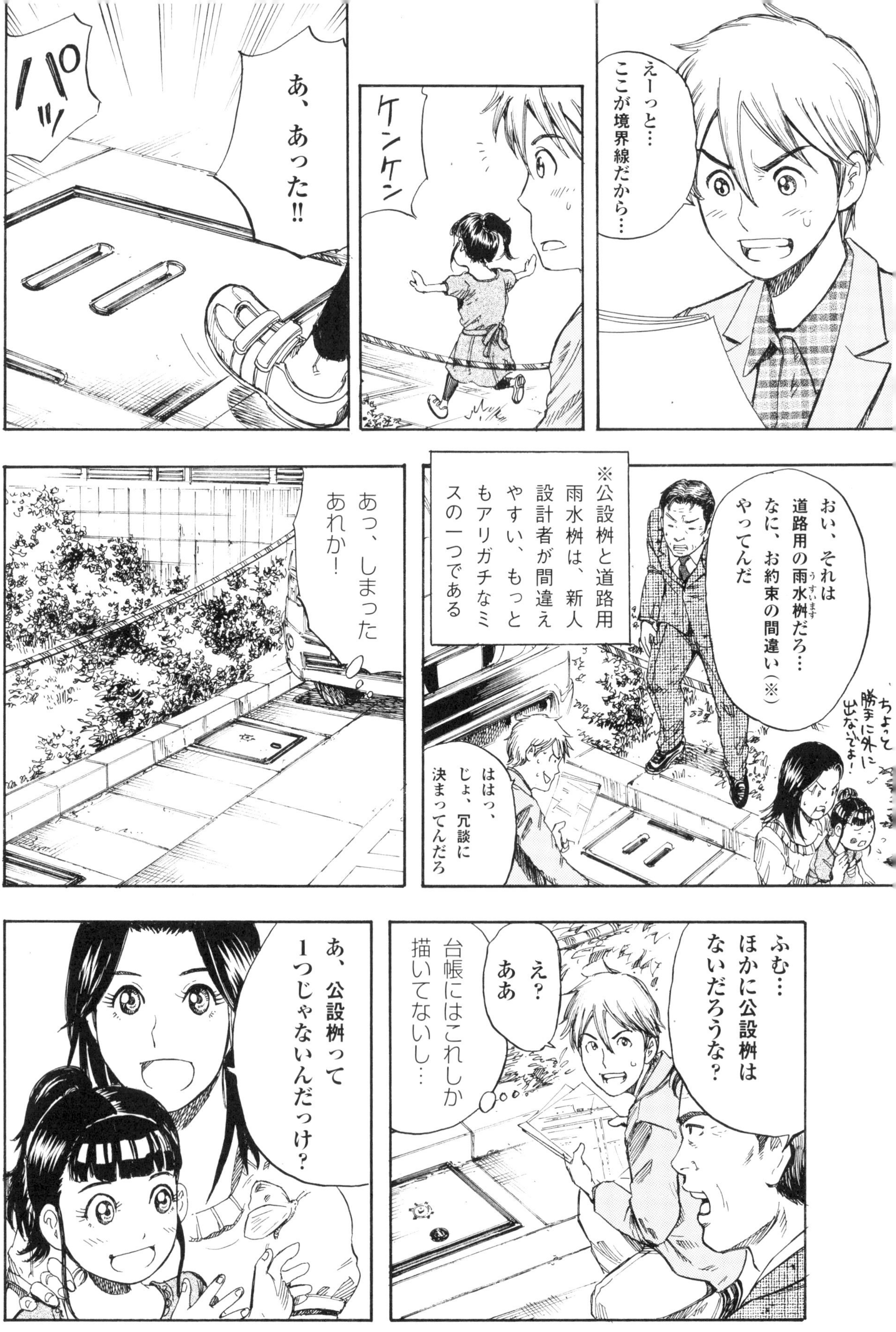
えーっと…ここが境界線だから…
ケンケン
パッ
あ、あった!!
おい、それは道路用の雨水桝《うすいます》だろ…なに、お約束の間違い(※)やってんだ
ちょっと勝手に外に出ないでよ!
※公設桝と道路用雨水桝は、新人設計者が間違えやすい、もっともアリガチなミスの一つである
ははっ、じょ、冗談に決まってんだろ
あっ、しまったあれか!
ふむ…ほかに公設桝はないだろうな?
え?ああ
台帳にはこれしか描いてないし…
あ、公設桝って1つじゃないんだっけ?

まぁ、基本的には1つだな
新しい造成地なんかだと公設桝がないからそこに家を建てるときは新設しないといけない
でも、一番やっかいなのは**使わない公設桝**が出てきたときなんだ
えっ、何か問題あるの？
使わない公設桝というのはそこに家を建てる人が自腹で撤去しなきゃならないんだ
しかも撤去費用はかなり高額になる
えっ！そーなの!?
だから建築計画の段階で複数の桝が出てきた場合は、できるだけその桝を使う計画を立てたほうがいいんだ
誰でもムダに費用をかけたくないだろ？まぁ、設計上、どうしても使えない場合はしかたないが…
ガゴッ
もう1つ、気をつけないといけないのは公設桝が台帳どおりになっていない場合だ
ゴトッ
台帳に頼りすぎて現地調査を怠り、建設途中で台帳に載っていない桝が出てきてムダな撤去費用がかかったなんてよく聞く話だからな
えー、そんな余計なおカネ払うのヤだわ建太、しっかり見てよ！
あ、ああ

それに量水器と同じで
公設桝の位置は
排水の設備計画に
大きくかかわってくる
排水設備の計画は公設桝の
位置を前提に立てないと
いけないからな
だから、台帳だけに頼らず
こうやってメジャーを使って
正確な位置や深さなんかを
きちんと調べることが
本当に大切なんだ
後になって
位置や深さが間違っていた
なんてことになったら
建築の計画に大きな
支障が出てしまう
へー

給排水の全体像を見ておこう

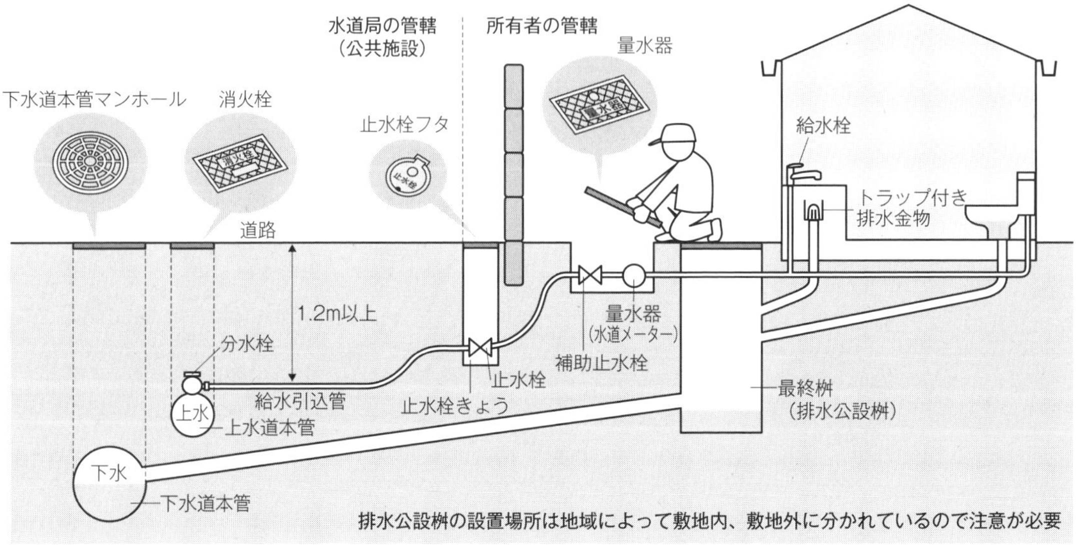
水道局の管轄
（公共施設）
所有者の管轄
量水器
下水道本管マンホール
消火栓
止水栓フタ
給水栓
トラップ付き
排水金物
道路
1.2m以上
分水栓
量水器
（水道メーター）
補助止水栓
止水栓
最終桝
（排水公設桝）
給水引込管
止水栓きょう
上水
上水道本管
下水
下水道本管
排水公設桝の設置場所は地域によって敷地内、敷地外に分かれているので注意が必要

その他、現地調査のチェックポイント

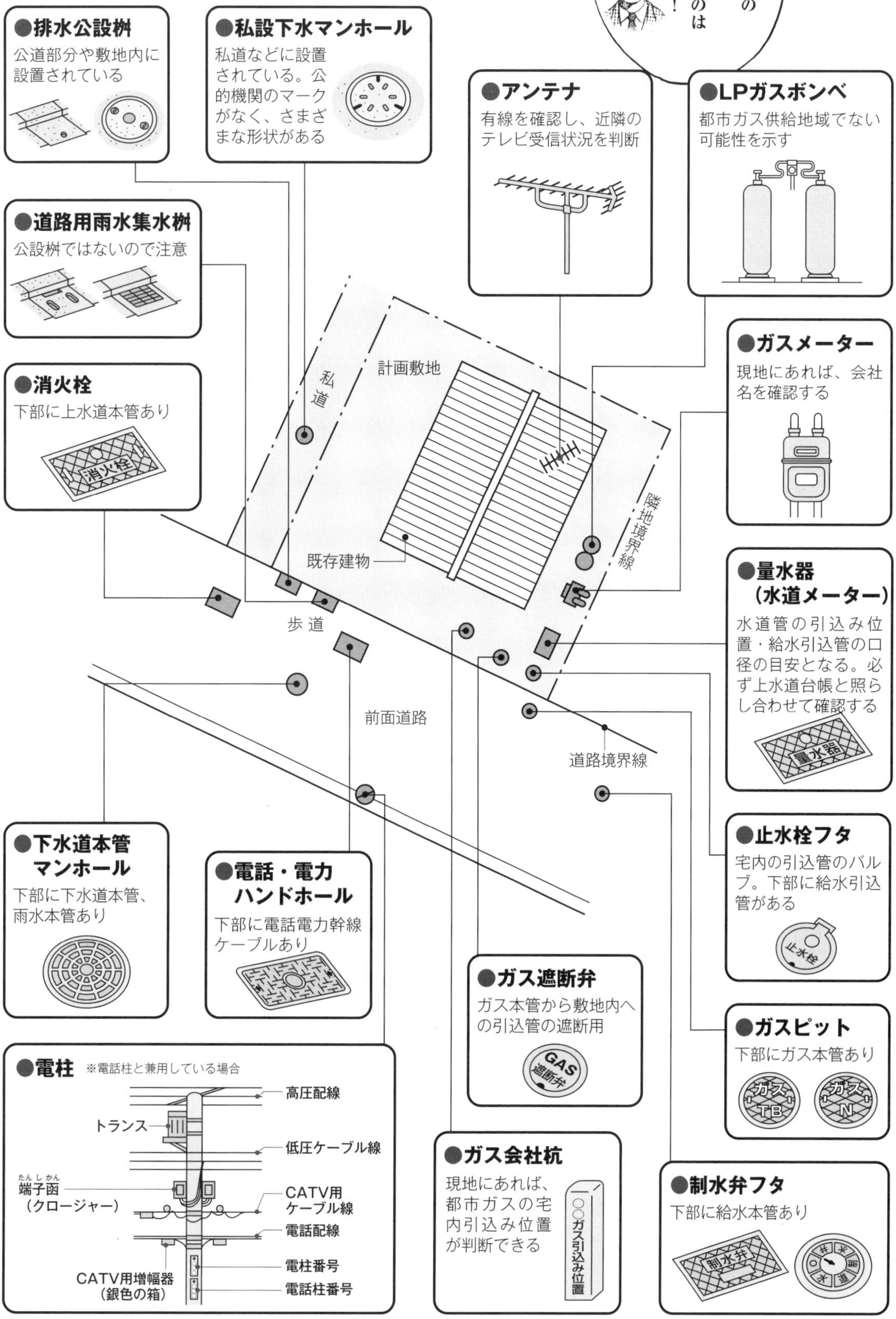

と、ところで、オヤジ…
ジージ、だるまさんがころんだ、やろー!!
い、いや、ナナミ、ジージは今ちょっと忙しいから…
えー！つまんなーい!!
こら、ナナミおじいちゃん、困ってるでしょ！
ガチャ
ぶぅー!っ
は…はは…
オヤジ、えーと…
ブロロロ…
ん…!?
あのー、建太くーん…ここにもう1つ公設桝があるみたいだけど…
台帳のほうはどうなってんのかなー
えっ、だって、台帳には1コしか…

さっきも言ったが
公設桝に限らず
まれに台帳と現地の状況が
異なることがある
当然、
その場合は現状が優先だ
それを確認するためにも
現地調査は大切なんだ！
なんだよ
ちょっと見落とし
てただけだろ…
お前がどんな立派な
家を設計できるのか
私は知らんが
建築士として
こういう基本的なことを
おろそかにするようでは
友子が何を言おうと
お前に友子の家を
設計させることを
私は絶対に
認めるわけには
いかない
はぁ…
ほい
…姉ちゃん

情けないよな、まったく…ホント、自分でもよく一級受かったなって思うよ
オレ、前の会社でビルの設計しかやってなかっただろ…
ちょっとは自信あったんだけど…
いざ住宅の現場に出てみると全然、勝手が違ってて…
わかんないことばっかで…もうどうしたらいいのか…
あのさ——
変わんないわね！あんたのそういう言い訳がましいところ!!
そんな悩み誰にだってあるでしょ！情けない!!
昔っから口だけは達者なくせに行動が伴わない！
うっ
いま重要なのはあんたがちゃんと私との約束を守れるかどーかってことなのよ!!
や、約束？
なに、すっとぼけてんのよ！あんた昔、私に家を建ててくれるって約束したでしょ
私が約束を守らないヤツすごくキライなの知ってるわよね
…姉ちゃんそれ…覚えて…

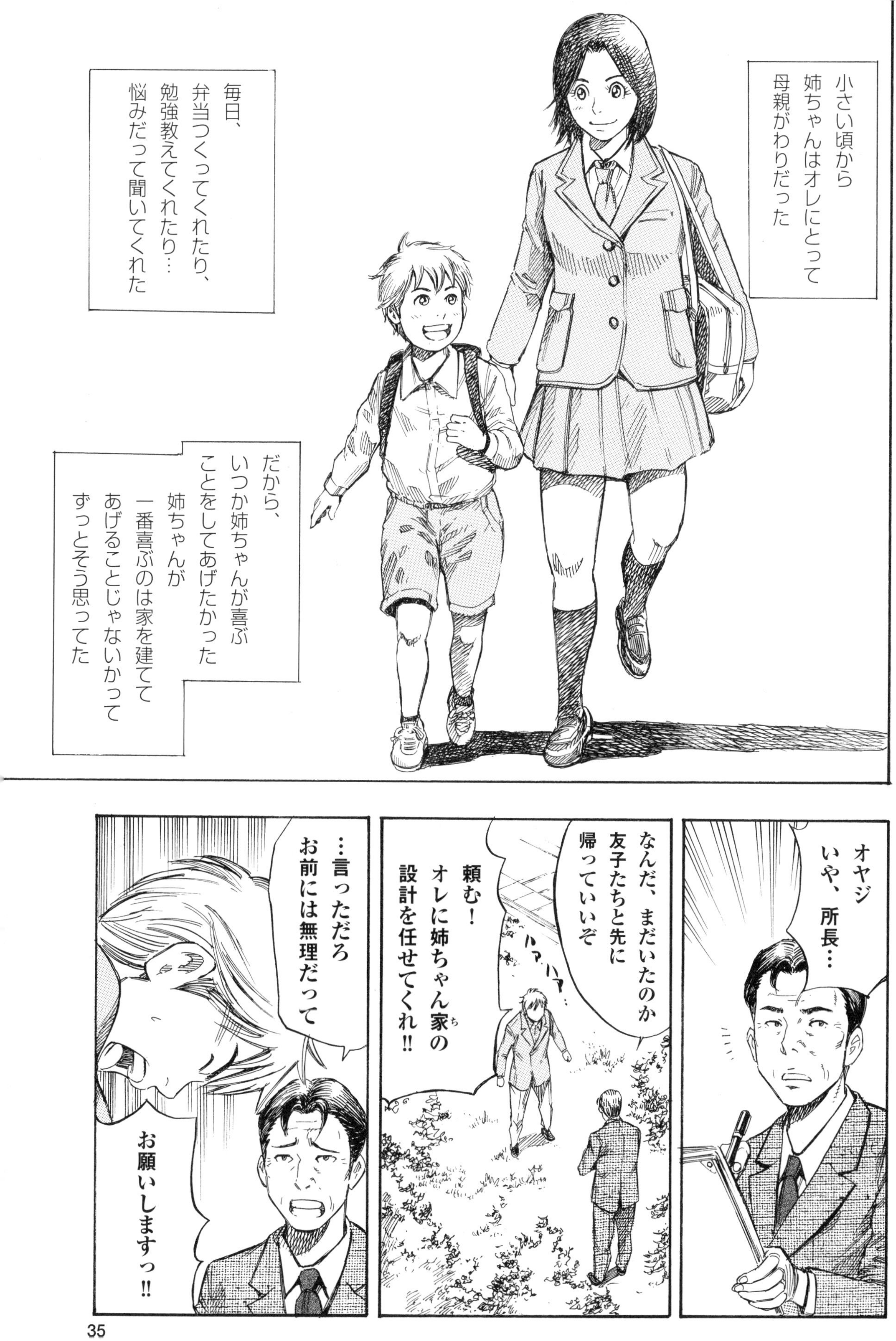
小さい頃から姉ちゃんはオレにとって母親がわりだった
毎日、弁当つくってくれたり、勉強教えてくれたり…悩みだって聞いてくれた
だから、いつか姉ちゃんが喜ぶことをしてあげたかった
姉ちゃんが一番喜ぶのは家を建ててあげることじゃないかってずっとそう思ってた
オヤジ いや、所長…
なんだ、まだいたのか 友子たちと先に帰っていいぞ
ハァ、ハァ…
頼む! オレに姉ちゃん家《ち》の設計を任せてくれ!!
…言っただろ お前には無理だって
お願いしますっ!!

オレ、どうしても
やりたいんだ…
力不足なのはわかってる
だから、いくらでも勉強する
いくらでも頑張る…だから
……
ナナミ、
行けっ！
ジージ!!
ダッ
建太、
いじめちゃダメ!!
うっ!!
ガッ
わ、わかった
だが、条件がある
期限は3週間
住む人間のことを
本当に考えた図面が
お前に描けるのなら…
その技術と知識が
お前にあると
私が判断したらだ

第2話 給排水衛生設備の設計

そこに職人への愛はあるか？

見てくれよ!! 父ちゃん これ図工のときつくったん だけど、みんなスゲーって!
牛乳
モー たいへん
ジャーン
パコッ
何だこれ? んー、そーだな
ここをもっと こうしたら 断然カッコよく なるだろ
所長 お電話ですよ
あっ、はいはい 今、行くから
そんなしょげんな あたしはすごいと思うよ このロボット
まったく父さんったら… 大人げないというか 何というか…
うっ、うっ…
前は絵を直された……
ビクッ
泣くな! 男だろっ!!
くやしいと思うなら いつか見返して やりなさいよ
何でもいいじゃん! 父さんよりスゴイもん つくってやってさ

ははは っ!!
そうか、そうか 友ちゃんの家を 建ててやりたいか
いやー建ちゃんも 大人になったもんだな 昔は友ちゃんの後に くっついてピーピー 泣いてたのにな
やめてくれよ 熊井のおっちゃん いつの話だよ
そりゃーお前 こっちは建ちゃんが オムツはいてる頃から 知ってんだからな
熊井工務店　社長 熊井三郎
まあ、しかし拓郎の野郎 相変わらず厳しいというか 融通がきかないというか…
ははっ
あいつが納得するような 図面を描くのなんか 大変だぜ
うちの施工にも 文句ばっかつけやがる からな
そうなんだ 昨日も必死で描いた図面を 持ってったら…
ガー
お前はPS《ピーエス》(パイプスペース)の 必要寸法も知らんのかっ!!

まぁ、あいつらしい言い方だな
でも、その話聞いてちょうどよかったよ
これから行く家はリフォームで給排水管を直しているところだからまぁ、勉強がてら見て帰るといいよ
おう、どうだい政《まさ》さん
お、熊井の社長これはなかなか面倒くさいねぇ
この下の排水管で水漏《も》れ起こしてるらしいんだけどね
配管を埋め殺してるんで、別のルートでつなぎ直さんとダメですわ
え…埋め殺しって…何かこわいんですけど
何がダメなんですか？
ん？この兄ちゃんは？
ああ、菅谷《すがや》んとこの息子さんだよ
どーも
あー、あの偏屈設計屋の息子かい！
ああ、埋め殺しね中に入って見るかい？

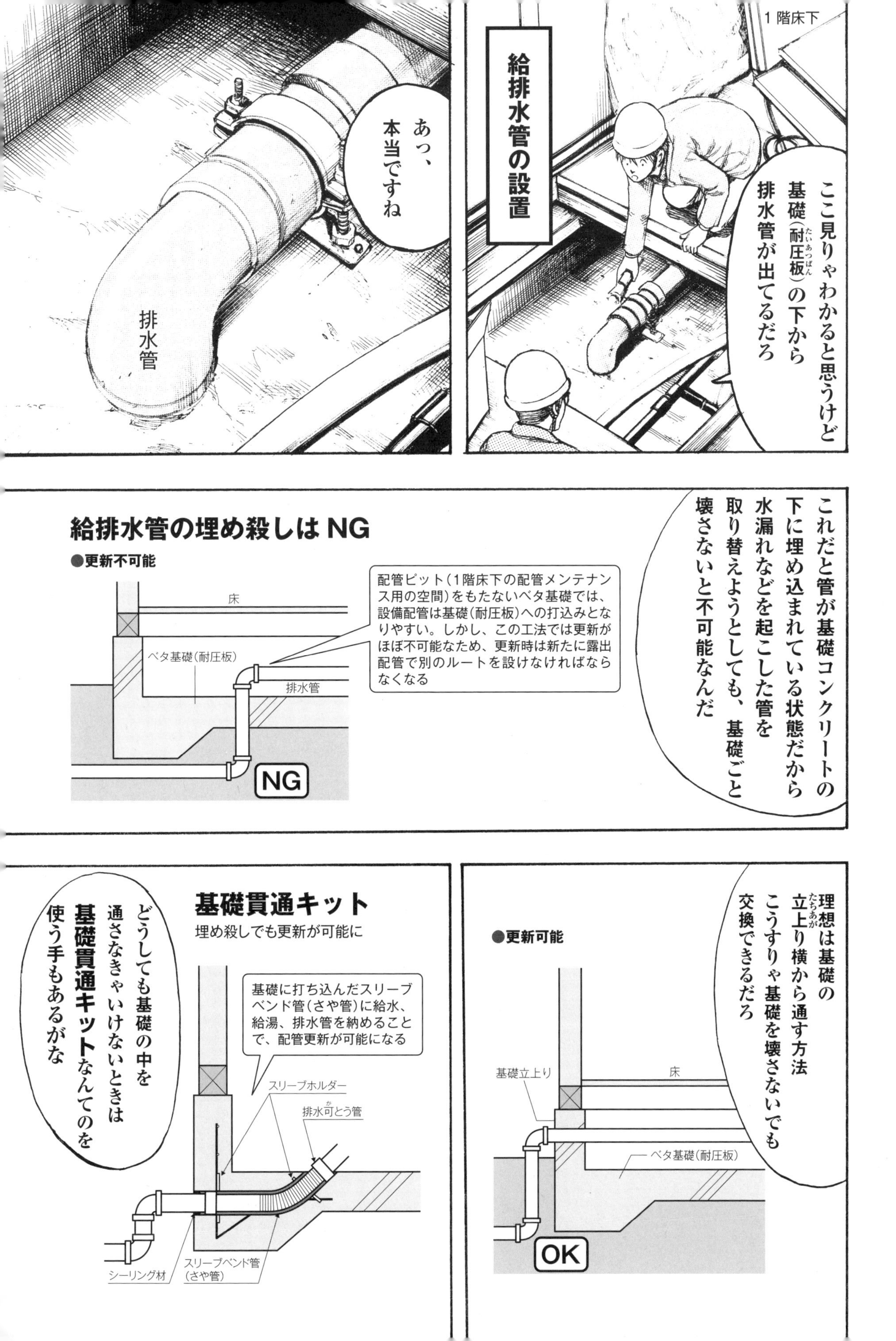

1階床下
給排水管の設置
ここ見りゃわかると思うけど基礎(耐圧板《たいあつばん》)の下から排水管が出てるだろ
あっ、本当ですね
排水管
これだと管が基礎コンクリートの下に埋め込まれている状態だから水漏れなどを起こした管を取り替えようとしても、基礎ごと壊さないと不可能なんだ
給排水管の埋め殺しはNG
●更新不可能
配管ピット(1階床下の配管メンテナンス用の空間)をもたないベタ基礎では、設備配管は基礎(耐圧板)への打込みとなりやすい。しかし、この工法では更新がほぼ不可能なため、更新時は新たに露出配管で別のルートを設けなければならなくなる
床
ベタ基礎(耐圧板)
排水管
NG
理想は基礎の立上《たちあが》り横から通す方法こうすりゃ基礎を壊さないでも交換できるだろ
●更新可能
基礎立上り
床
ベタ基礎(耐圧板)
OK
基礎貫通キット
埋め殺しでも更新が可能に
基礎に打ち込んだスリーブベンド管(さや管)に給水、給湯、排水管を納めることで、配管更新が可能になる
スリーブホルダー
排水可《か》とう管
シーリング材
スリーブベンド管(さや管)
どうしても基礎の中を通さなきゃいけないときは基礎貫通キットなんてのを使う手もあるがな

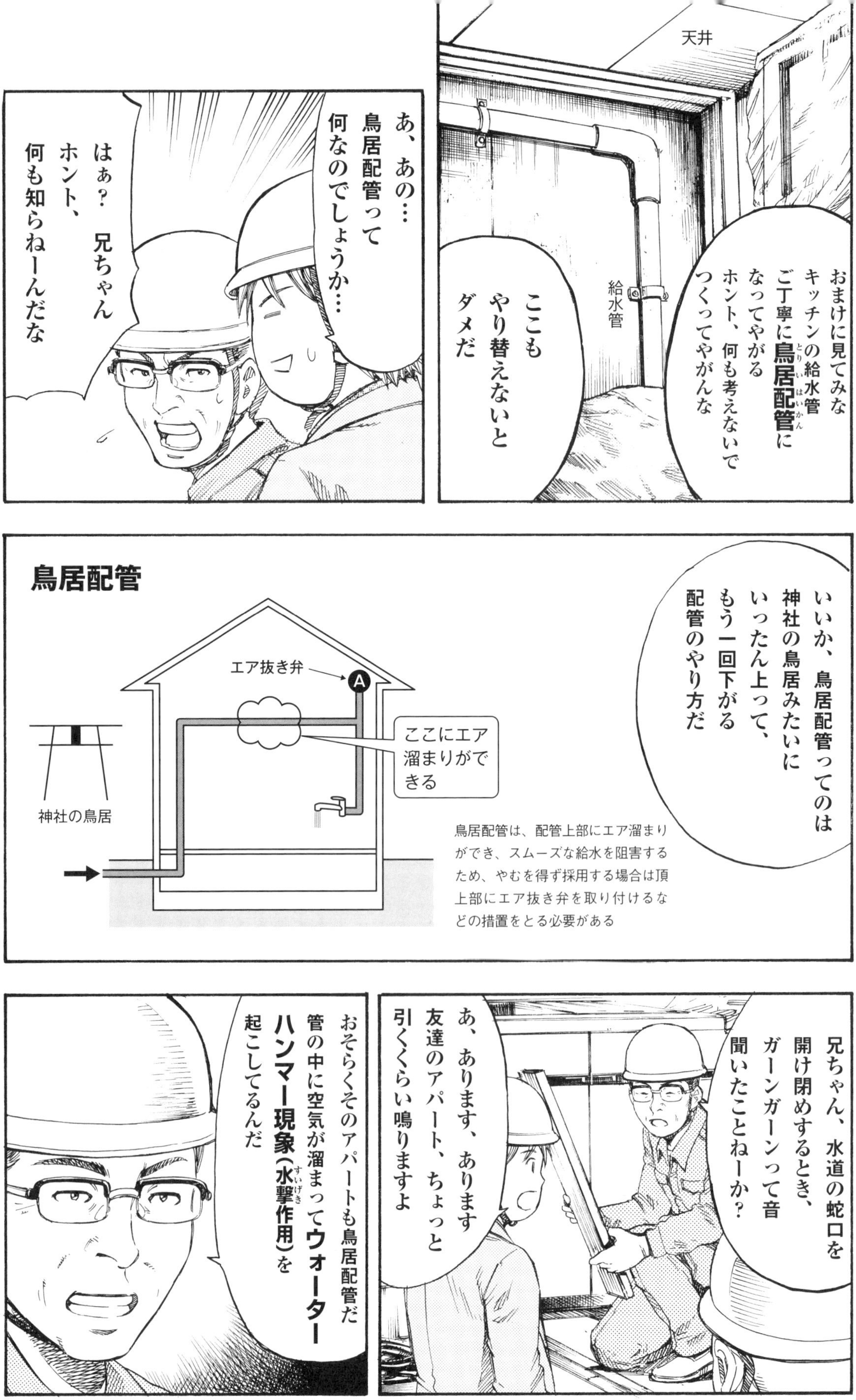
天井
給水管
おまけに見てみな キッチンの給水管 ご丁寧に鳥《とり》居《い》配《はい》管《かん》になってやがる ホント、何も考えないでつくってやがんな
ここもやり替えないとダメだ
あ、あの…鳥居配管って何なのでしょうか…
はぁ？ 兄ちゃん ホント、何も知らねーんだな
いいか、鳥居配管ってのは神社の鳥居みたいにいったん上って、もう一回下がる配管のやり方だ
鳥居配管
エア抜き弁
A
ここにエア溜まりができる
神社の鳥居
鳥居配管は、配管上部にエア溜まりができ、スムーズな給水を阻害するため、やむを得ず採用する場合は頂上部にエア抜き弁を取り付けるなどの措置をとる必要がある
兄ちゃん、水道の蛇口を開け閉めするとき、ガーンガーンって音聞いたことねーか？
あ、あります、あります 友達のアパート、ちょっと引くくらい鳴りますよ
おそらくそのアパートも鳥居配管だ 管の中に空気が溜まってウォーターハンマー現象(水《すい》撃《げき》作用)を起こしてるんだ

配管内に水が流れてるとき水栓《すいせん》（水道の蛇口など）を急に閉めたりすると水圧が急上昇して騒音や振動を発生させるそれがウォーターハンマー現象だ
ウォーターハンマー現象の仕組み
①
弁を開く
給水管
流水
②
パタッ
弁の急閉
③
ガーン
ガーン
衝撃波による騒音や振動
これが起こると管の寿命を縮めたり破損の要因になる
はー
なるほど
だから鳥居配管は原則としてNGってことだ
そーだ、兄ちゃんあんたも、これからいろいろ家とか設計したりすんだろじゃあ、これだけは覚えといてくれや！
は、はい…
いいか、建物を計画するときは現場の人間が作業することを考えて
作業スペースをきちんと意識した図面を引くことだ！

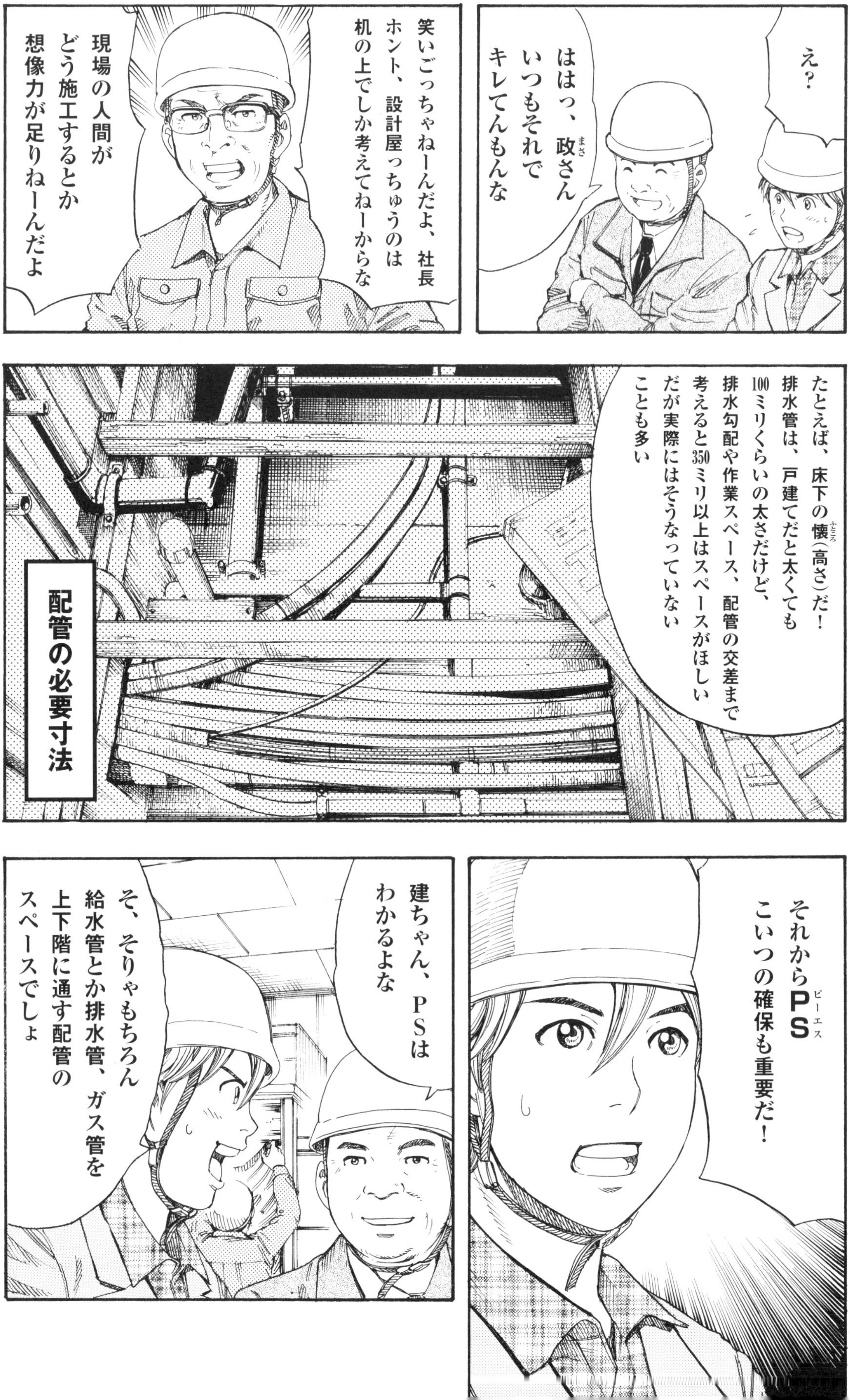
え？
ははっ、政《まさ》さん いつもそれで キレてんもんな
笑いごっちゃねーんだよ、社長 ホント、設計屋っちゅうのは 机の上でしか考えてねーからな
現場の人間が どう施工するとか 想像力が足りねーんだよ
たとえば、床下の懐《ふところ》（高さ）だ！ 排水管は、戸建てだと太くても 100ミリくらいの太さだけど、 排水勾配や作業スペース、配管の交差まで 考えると350ミリ以上はスペースがほしい だが実際にはそうなっていない ことも多い
配管の必要寸法
それからPS《ピーエス》 こいつの確保も重要だ！
建ちゃん、PSは わかるよな
そ、そりゃもちろん 給水管とか排水管、ガス管を 上下階に通す配管の スペースでしょ

ああ、そうだ PSは特に排水管の経路を確保するときとても重要になる
排水管
なんたって ぶっとい排水竪管《たてかん》を下まで一直線に通さなきゃいけねーからな
たしか……
ええ、そうですね 途中で曲げたり上と下の位置がずれたりしちゃいけないんですよね
あったりめーだろ 排水竪管曲げてつくるバカ、どこにいるんだよ！
排水管曲げて、もし排水が詰まったり、水漏れしたりしたらどーすんだ！
うー……
それに戸建てだと汚水と雑排水を分流させる方式が一般的だから、排水竪管だけで2本いるんだ
給水管
通気管
汚水管
雑排水管
冷媒管
電気配線
ほかにもガス管やら給水管やらを通さないといけないから、このスペースはかなりの広さをとっとかないといけねーんだ
PSは基本的に壁の中に隠してしまうから後からでも作業しやすいようにいろいろ考えてつくらないといけないな
そうそう、なのに設計屋ってのはよ…
はい、このパイプは太さ50ミリだから50ミリのスペース、こっちは75ミリだから75ミリのスペースってパイプの太さしか頭にないヤツも多い

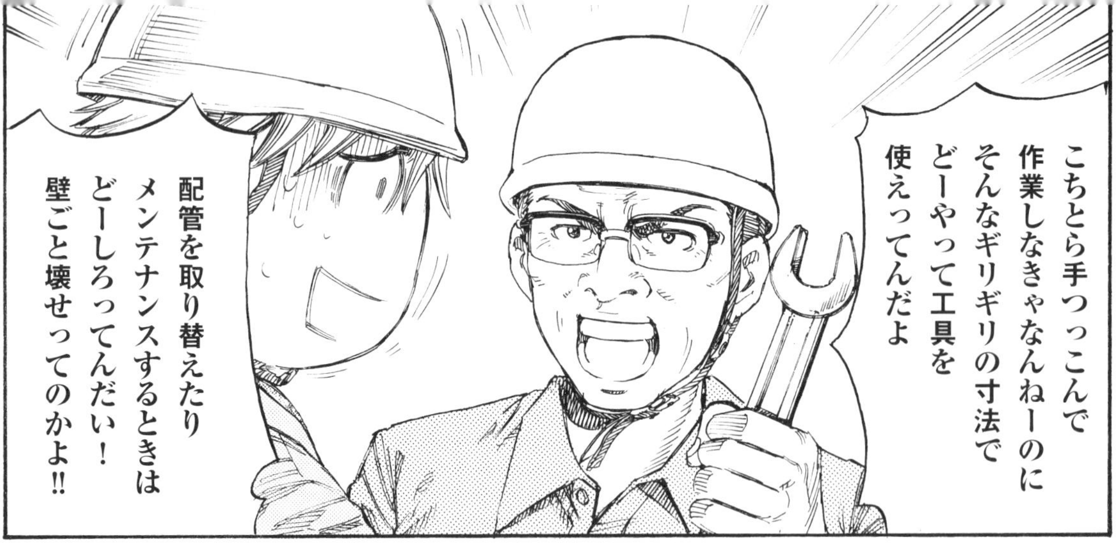
こちとら手つっこんで
作業しなきゃなんねーのに
そんなギリギリの寸法で
どーやって工具を
使えってんだよ
配管を取り替えたり
メンテナンスするときは
どーしろってんだい！
壁ごと壊せってのかよ!!

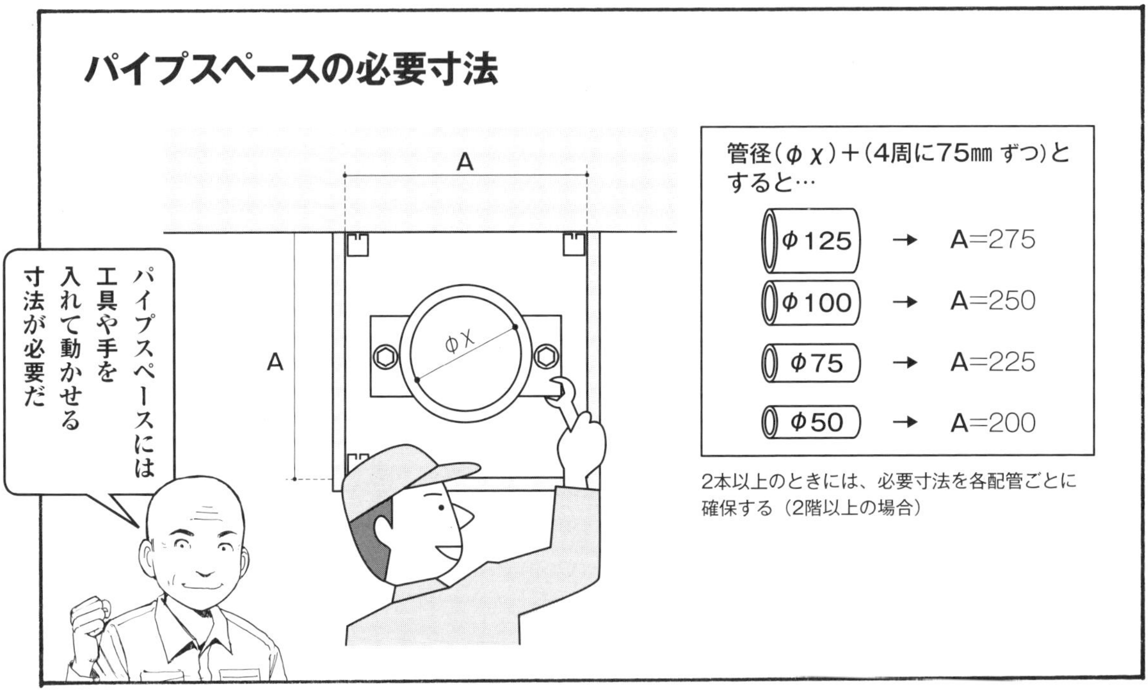
パイプスペースの必要寸法
パイプスペースには
工具や手を
入れて動かせる
寸法が必要だ
A
A
φχ
管径（φχ）＋（4周に75㎜ ずつ）と
すると…
φ125 → A=275
φ100 → A=250
φ75 → A=225
φ50 → A=200
2本以上のときには、必要寸法を各配管ごとに
確保する（2階以上の場合）

うわぁ…そんなの全然
考えてなかった…
はは…
オレ、ちょうど
オヤジにPSのことで
怒られたばっかで…
ほう、あの偏屈設計屋がねぇ
まぁ、えらくなったもんだ
え？

そういや、思い出すね若い頃、拓郎と政《まさ》さんがPSのことでなぐり合いになったの
ポカ
てめー、勝手に人の図面変えてんじゃねーぞ
ポカ
ポカ
てめーがPSちゃんととってねーからこーなるんじゃねーか!!
ポカ
あれは、あいつが悪い今考えてもあいつが絶対悪い!
へー、オヤジが…
あっ、そうだ、これオヤジにダメ出しされた図面なんですけど見てもらってもいいですか?
ガサッ
オヤジ、具体的なこと何も言わないんで
ほう、勉強熱心じゃねーか
どれどれ
おいおい、何で家のど真ん中にPSがあるんだぁ? しかもムダにすべての水廻りから遠い 1階と2階でPSの位置もずれてるし…
いったいどこのドシロートがこんなテキトーな図面描きやがったんだ?
うわっ…なんかめちゃめちゃ怒ってる
ああっ、間違えたこれ、学生のとき描いた図面でしたー!
すいませーん……
…ウソだけど

学生時代のか
じゃあ、まぁ
しょーがねーか
セーフ…
で、でも念のために何が悪いのか教えてもらっていいですか?
ええ、もちろん念のためですよ
わかってると思うけどPSは一度つくったら動かせない
特に排水竪管は途中で曲げられないから場所を変えるとなればそこにつながってる排水管を全部やり直さなきゃなんねー
だから一戸建てのPSは全体のプランから最も適切な位置に、一カ所にまとめるのが理想だ
リフォームのことまで考えれば、PSが家の真ん中にあったり複数あったりするのは合理的でない
排水の原理を考えればPSはできるだけ水廻りの近くに設けるのが鉄則だな
え?
排水管に勾配《こうばい》が必要なのはわかるよな
えーと…なんとなくは…

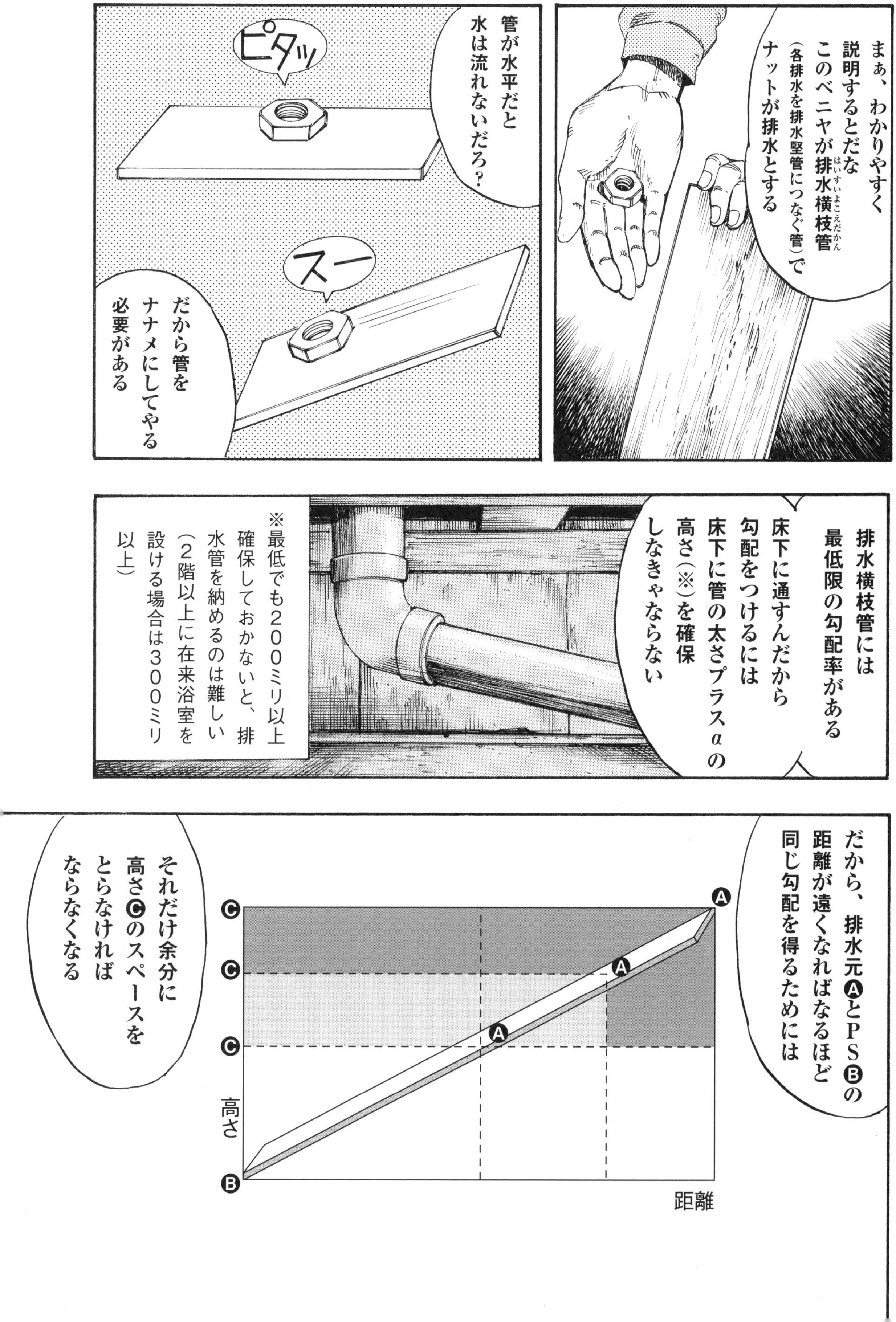
まぁ、わかりやすく説明するとだなこのベニヤが排水横枝管《はいすいよこえだかん》（各排水を排水竪管につなぐ管）でナットが排水とする
管が水平だと水は流れないだろ？
ピタッ
スー
だから管をナナメにしてやる必要がある
排水横枝管には最低限の勾配率がある
床下に通すんだから勾配をつけるには床下に管の太さプラスαの高さ（※）を確保しなきゃならない
※最低でも200ミリ以上確保しておかないと、排水管を納めるのは難しい（2階以上に在来浴室を設ける場合は300ミリ以上）
だから、排水元Ⓐとの距離が遠くなればなるほど同じ勾配を得るためには
Ⓐ
Ⓐ
Ⓐ
Ⓒ
Ⓒ
Ⓒ
Ⓑ
高さ
距離
それだけ余分に高さⒸのスペースをとらなければならなくなる

管径《かんけい》と配管《はいかん》の勾配《こうばい》

排水横枝管の勾配

管径(㎜)	勾配
65以下	1/50以上
75、100	1/100以上
125	1/150以上
150以上	1/200以上

●勾配とは

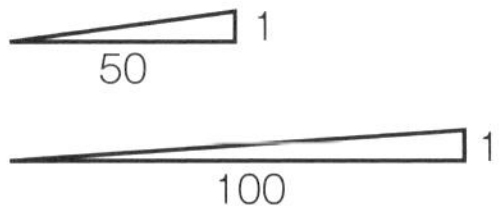

1
50
1
100

1/50の勾配は、1/100に比べて急勾配になる

配管は、適切な勾配をとらないと異物が詰まりやすくなる。小口径の管の場合、より勾配が必要となる

SHASE-S（※）では上表のように規定されていますが、一般には建物内は1／50、建物外は1／100の勾配で施工されます

※ 空気調和・衛生工学会規格

床下の高さはなるべく低く抑えたいだろ？
はぁ、なるほど…

床下に設ける排水管の必要スペース

配管仕様 名称	配管仕様 サイズ呼び径	曲部寸法 R(㎜)	排水管路（床下）高さの必要寸法 H(㎜)
塩ビパイプ（VU）	50A	58 / 60	X（横引の距離） 床 排水管 H H=X/50+100 （断熱材厚さ10㎜見込み）
	65A	77 / 76	X（横引の距離） 床 排水管 H H=X/50+130 （断熱材厚さ10㎜見込み）
	75A	88 / 89	X（横引の距離） 床 排水管 H H=X/50+150 （断熱材厚さ10㎜見込み）
	100A	112 / 114	X（横引の距離） 床 排水管 H H=X/50+180 （断熱材厚さ10㎜見込み）

配管どうしの交差や梁との干渉なども考慮し、余裕をもった配管ルートを確保しよう

さっき見た「学生時代」の図面、排水管の勾配をきちんととったら2階の床下にたっぷり収納がとれるかもしれないな
ははは っ
ははっ、ありえるな
まぁ、床下のスペースは排水管が1つの階に1本なら簡単な話だけど…
同じ雑排水（トイレ以外の排水）でも配管を分けたほうがいい場合があるから話がややこしくなる
分けたほうがいいって？
おう、こういうことだ
排水経路のイロハ
排水ってのは、建物内では汚水（トイレの排水）と雑排水（キッチン・浴室・洗面器・洗濯機などの排水）を分けて配管し
汚水
雑排水
建物外の排水桝《ます》で合流させる屋内分流・屋外合流の考えが基本だ
仮に汚水と雑排水を屋内で1本に合流させたとしても機能的には問題ないが
そうすると、万一どちらかが詰まった場合、被害のリスクを最小限に抑えられないこの考え方は、同じ雑排水の中でも当てはまる
詰まりのリスクを考えるなら油分が溜まって詰まりやすいキッチンの排水管は
通れないよ
排水
油分
フッ 詰まらせてやるぜ グフフフ
できれば単独配管にしてほかの雑排水とは分けてやるのがベストだ

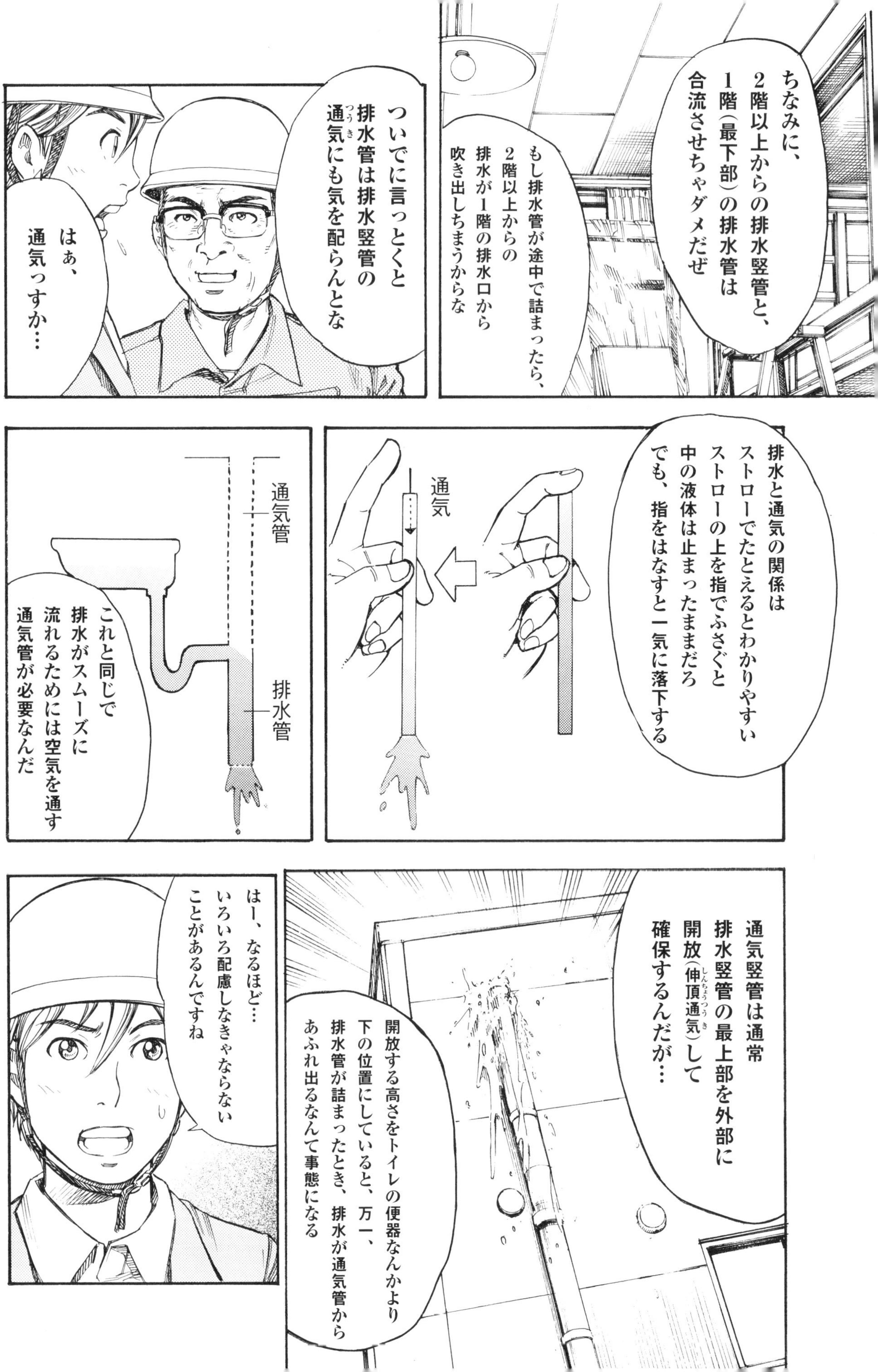
ちなみに、2階以上からの排水竪管と、1階（最下部）の排水管は合流させちゃダメだぜ
もし排水管が途中で詰まったら、2階以上からの排水が1階の排水口から吹き出しちまうからな
ついでに言っとくと排水管は排水竪管の通気《つうき》にも気を配らんとな
はぁ、通気っすか…
排水と通気の関係はストローでたとえるとわかりやすい ストローの上を指でふさぐと中の液体は止まったままだろ でも、指をはなすと一気に落下する
通気
通気管
排水管
これと同じで排水がスムーズに流れるためには空気を通す通気管が必要なんだ
通気竪管は通常排水竪管の最上部を外部に開放（伸頂通気《しんちょうつうき》）して確保するんだが…
開放する高さをトイレの便器なんかより下の位置にしていると、万一、排水管が詰まったとき、排水が通気管からあふれ出るなんて事態になる
はー、なるほど… いろいろ配慮しなきゃならないことがあるんですね

排水管の経路はココに注意！

●排水・通気系統図

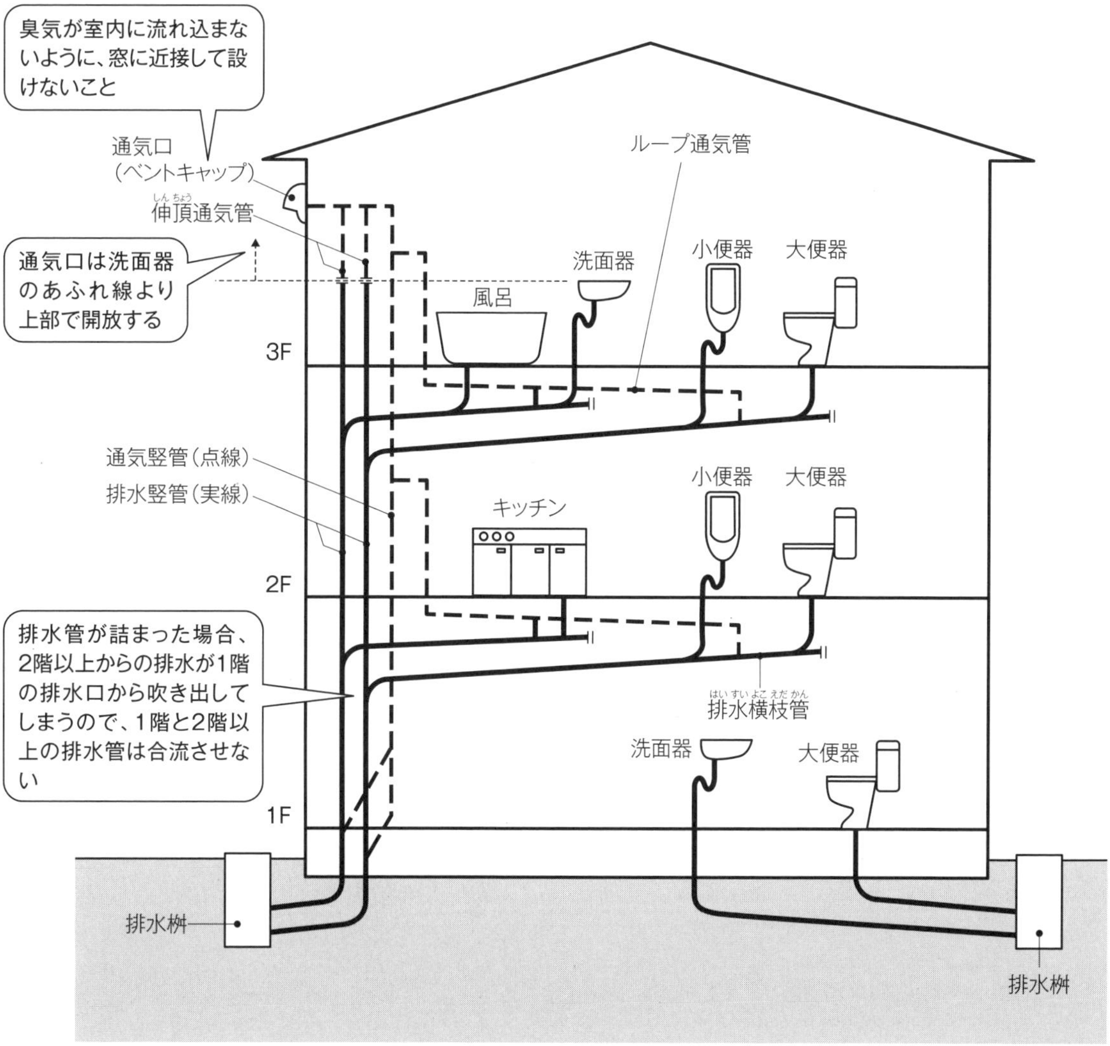

住宅の場合、ループ通気管まではとらなくてもよいですが、排水横枝管の口径には余裕をみておきたいですね

1階浴室の排水方法

●標準的な排水方法

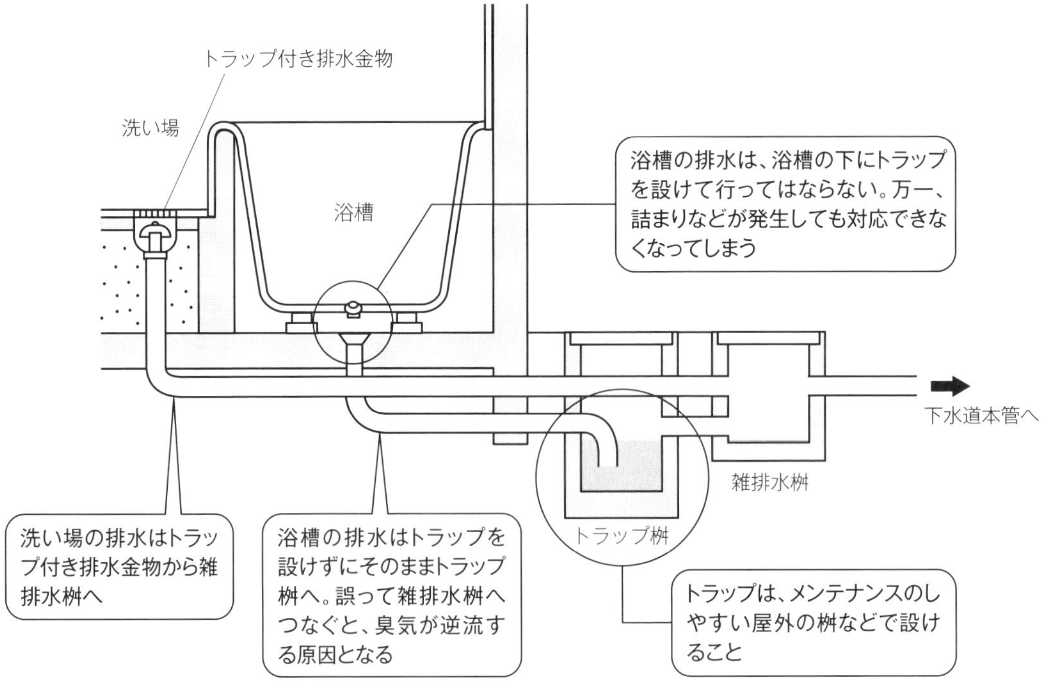

雨樋（雨水管）の管径

雨水竪管

管径［㎜］	許容最大屋根面積［㎡］
50	67
65	135
75	197
100	425

注　許容最大屋根面積は雨量100㎜／hが基準。これ以外の雨量は、表の数値に（100／その地域の最大雨量）を乗じて算出する

ほんとに設備のメンテナンスや更新時のことを考えて図面引いとかねーと
中身が先に死んじまったら元も子もねーからな
遅いぞ、建太何やってんだ!!
いやぁ図面直してたらつい寝坊しちゃって
はぁ…お前ってヤツは
はー
まぁまぁ、お義父さん大目に見てあげてくださいよ
建太くんだってボクの家のためにがんばってくれてるんですから——

※ 冬季は能力が下がるので注意

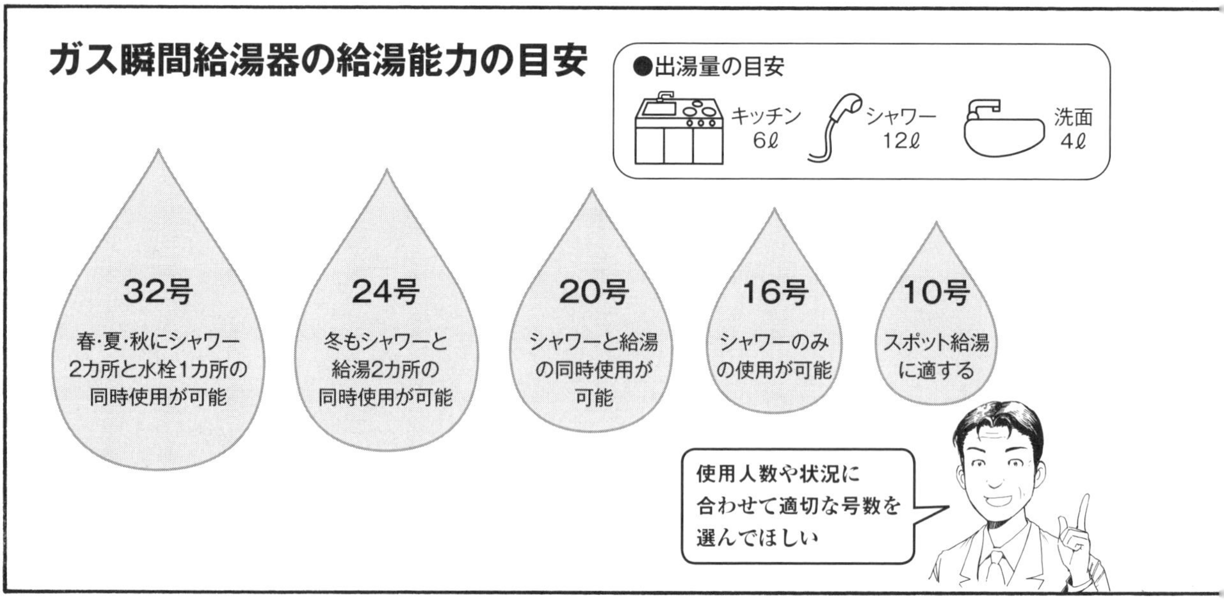
ガス瞬間給湯器の給湯能力の目安
●出湯量の目安
キッチン 6ℓ
シャワー 12ℓ
洗面 4ℓ
32号
春・夏・秋にシャワー2カ所と水栓1カ所の同時使用が可能
24号
冬もシャワーと給湯2カ所の同時使用が可能
20号
シャワーと給湯の同時使用が可能
16号
シャワーのみの使用が可能
10号
スポット給湯に適する
使用人数や状況に合わせて適切な号数を選んでほしい

最近は家の中でお湯を使用する場所が増えているから、号数には余裕をみておきたい
あっ、オヤジ直した図面見てくれよ！
へー、すごいね！何描いてるか全然わかんないけど――
……
ヒョイ
自信満々
…だめだなこれじゃ
はぁ？何でだよPSの位置も床下のスペースの確保も…
パサッ

お前の計画では
給湯器と給湯個所との
距離が離れすぎだ
どうして離れてちゃ
いけないんだよ
別にお湯が出なくなる
わけじゃねーだろ!!
お前……
お湯の蛇口をひねっても
しばらく水しか
出てこなかった経験は
ないか？
あ、ウチの
マンションそうですよ
キッチンとか、
お湯が出るまでに
1分くらいかかりますね
何か性能
とかの問題
なんですかね？
その原因は、ひとえに
給湯器と給湯個所の
距離にあるんだ
え？
簡単な話だ
距離が遠ければ、お湯が出る
までの待ち時間が長くなり
ストレスを感じるとともに
捨て水も多くなる
非常にムダだ
給湯器
こっちはお湯出たよ！
ジャー
こっちはまだだね
……
つめた
特に浴室の給湯時間は大切だ
人間、裸で1分も2分も
待たされたら
どれだけストレスがたまるか、
お前にもわかるだろ
ジャー…
うう…寒い…
いつまでたっても
お湯が出ない…
ガタ
ガタ

給湯管の管径・長さと出湯時間の関係

●給湯管20Aの場合

配管の長さ［m］		5	10	15	20
捨て水量［ℓ］		1.7	3.4	5.1	6.7
出場までの所要時間	キッチン［秒］	20	40	60	80
	洗面［秒］	17	34	51	67
	シャワー［秒］	11	21	31	41

●給湯管15Aの場合

配管の長さ［m］		5	10	15	20
捨て水量［ℓ］		0.9	1.7	2.5	3.4
出場までの所要時間	キッチン［秒］	11	20	30	40
	洗面［秒］	9	17	24	34
	シャワー［秒］	6	11	15	21

注1　出場までの所要時間は計算値。実際は配管の冷え・放熱があるため、1.5～2倍程度かかることもある
注2　出場までの所要時間に給湯器自体の着火から立ち上がり時間（約10秒）は含まれていない

資料提供：ノーリツ

私の基準だと まぁ、30秒以内に お湯が出なければ 完全にアウトだな
クレームだよ
クレーム
へー、そうなんですね ボク、そういうものなんだと ずっと思ってましたよー

それに、この計画だと 給湯管や給水管に ビニル管を 使うとなっているが、 なぜだ？
え…なぜって、そりゃ 昔の図面とか見たら たいていビニル管だったから…

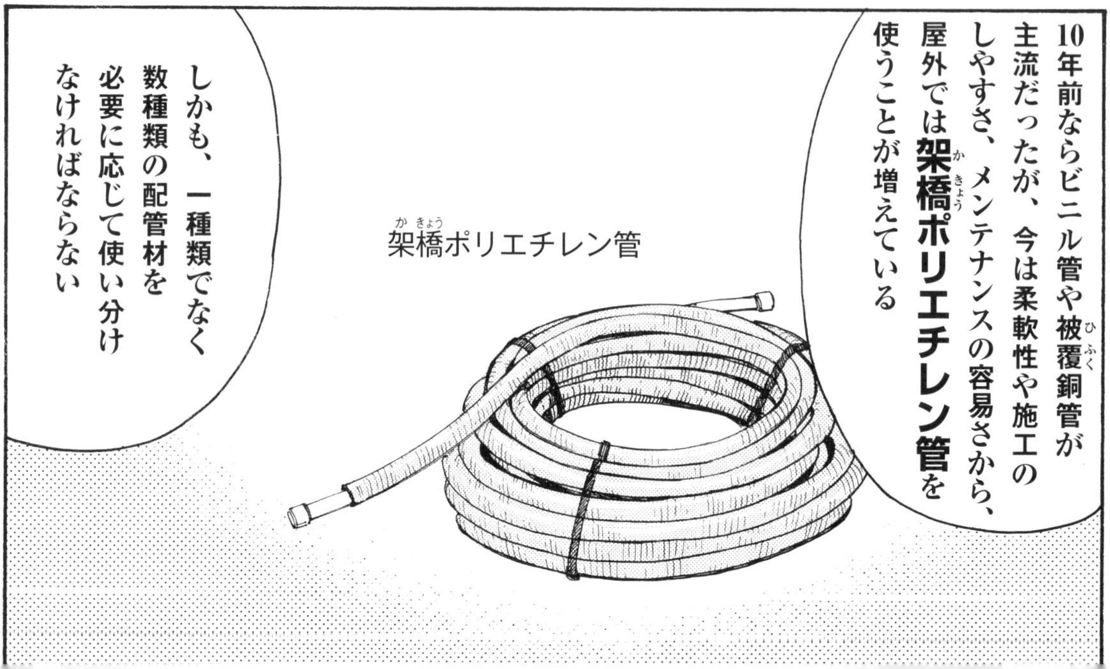

10年前ならビニル管や被覆《ひふく》銅管が 主流だったが、今は柔軟性や施工の しやすさ、メンテナンスの容易さから、 屋外では**架《か》橋《きょう》ポリエチレン管**を 使うことが増えている
架《か》橋《きょう》ポリエチレン管
しかも、一種類でなく 数種類の配管材を 必要に応じて使い分け なければならない

配管材の種類と特徴

給水管

材　料	特　徴
水道用硬質塩化《こうしつえんか》ビニルライニング鋼管《こうかん》	配管用炭素鋼鋼管《こうこうかん》(SGP)の黒管または水道用亜鉛メッキ鋼管に、硬質塩化ビニルを腐食防止としてライニングしたもので、5°~60°の範囲で使用できる。管端部のみ腐食のおそれがある
水道用ステンレス鋼管	ほかの金属管に比べ軽量、耐食性に優れる。高価
水道用硬質ポリ塩化ビニル管	塩化ビニル重合体が主体の非金属管の代表的なもの。塩ビ管と略称される。低価格、耐食性がよく、軽量
水道用耐衝撃性《たいしょうげきせい》硬質ポリ塩化ビニル管	塩化ビニル管より衝撃に強い。コンクリート内配管、屋外配管に用いる
架橋《かきょう》ポリエチレン管	エチレン主体の重合体のポリエチレン製。塩化ビニル管より軽量、柔軟性があり衝撃に強い。約90℃で軟化するが、-60℃でも脆化《ぜいか》しないため寒冷地で使用される

給湯管

材　料	特　徴
配管用銅管《どうかん》	CPと呼ばれ、銅および銅合金性。引張りに強く、耐食性があり、軽量、安価で加工が容易。水中のカルシウムなど(スケール)が付きにくく、温水配管に適している
配管用ステンレス鋼管	耐食性、耐熱性、耐摩耗性に優れるが、高価。リサイクル率がよいため、公共建物で使用されることが多い
耐熱性《たいねつせい》硬質塩化ビニルライニング鋼管	鋼管の内面に耐熱性硬質塩化ビニルをライニングしたもの。耐熱、耐食、強度に優れ、85℃以下の給湯配管として使用される
耐熱性硬質ポリ塩化ビニル管	HTVPと呼ばれ、耐食性があり、施工が容易。外圧や衝撃に弱く、管内の圧力により供給する湯の温度(90℃以下)に制限がある
架橋《かきょう》ポリエチレン管	XPN(PEX)と呼ばれ、ポリエチレン製(高耐熱性樹脂)で、最高使用温度95℃で耐熱性があり、耐寒、耐食、耐久性に優れ、スケールも付着しにくい

お前のように人の図面にそう描いてあったなどという理由で真似しているようじゃダメなんだよ
……
へー、そんなことまで考えて、家ってつくるんですね
いやー大変なんですねー
まぁな……
政
おい、てめー、いつまでも一つ覚えでビニル管とか書いてんじゃねーよ!!
最近じゃ、現場で施工しやすい架橋ポリエチレン管てのがあんの知らねーのかよ、てめー!!
?
いやなこと思い出しちまったぜ……

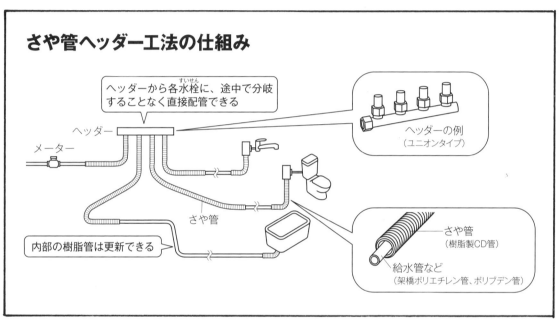

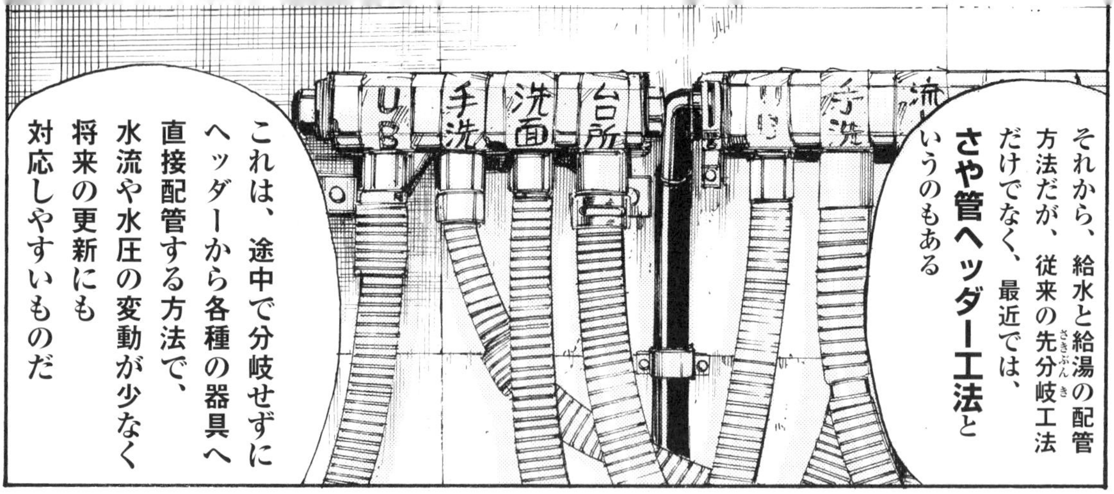

それから、給水と給湯の配管方法だが、従来の先《さき》分《ぶん》岐《き》工法だけでなく、最近では、**さや管ヘッダー工法**というのもある
UB
手洗
洗面
台所
これは、途中で分岐せずにヘッダーから各種の器具へ直接配管する方法で、水流や水圧の変動が少なく将来の更新にも対応しやすいものだ

さや管ヘッダー工法の仕組み

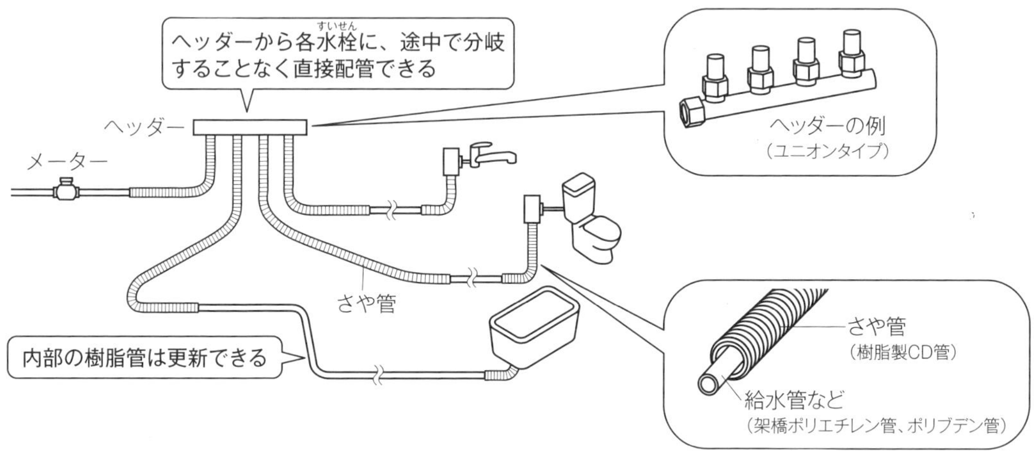

ヘッダーから各水栓《すいせん》に、途中で分岐することなく直接配管できる
ヘッダー
メーター
ヘッダーの例
（ユニオンタイプ）
さや管
内部の樹脂管は更新できる
さや管
（樹脂製CD管）
給水管など
（架橋ポリエチレン管、ポリブデン管）

建太、私はお前に住む人間のことを本当に考えた図面が描ければ友子の家の設計を認めると言った
スッ
だが、こんな配慮の欠けた図面を描いているようでは到底無理だな

――元気出してよ 建太くん
…なんか、すみません やっぱ、オレなんかじゃ オヤジの期待してるもん つくるのムリっすよね…
ははっ…
……
ボクさぁ はじめ、お義父さんが 設計やってくれるって聞いて、めっちゃラッキーって思ったんだ だって、あんなベテランが 身内価格でいいって 言うんだからさ
でもさぁ、友子がね どうしてもキミにやらせて あげてくれって言うんだよ 約束だからって
内心、おいおいっ 冗談じゃないぞって 思ったよ
でも今、施主《せしゅ》のボクからの 注文はこれだけ ほかの誰かの期待とかは とりあえず置いといてさ
今は友子の期待だけに 応えてあげて くれないかな
え…

三郎、この前はウチのが世話になったな
居酒屋
何を水くせーな…にしても、がんばってんじゃねーか、建ちゃん
もうちょっとやさしく見守ってやってもいいんじゃねーか？
…わからないんだよ…
え？
かみさんが早くにいなくなって小さい頃から建太のことは友子にまかせっきりだった
今になってあいつとどう接すればいいのか…
きっと何かがダメなんだろうと思う…けど、それが何なのかわからないんだ…
きゃあああ!!
バシャ
バシャ
おいっ、この炊事場水圧が強ぇーから気をつけろって言っただろ

パカッ
え？
あの…
キュッ
キュッ
しょうがないな…
こういうところで
水量が調節
できるってこと
なぜ知らないのか…
そういうことを教えない
業者が悪いのかも
しれんが…
自分たちの店でしょ
くど くど くど くど
ちょっとは自分たちで
調べたりとか、少しは努力
すべきではないんですか
これじゃ、水のムダだし…
はぁ…
なんか、
すんません…
…あんたのダメなところ、
そういうとこ
なんだと思うぜ
ハァ…
ん？
あー、くそオヤジ!!
やってやろー
じゃねーかよ！
えーと、
給湯管の距離、
材料の変更に…
カチ
カチ

友子の期待だけに応えてやってくれないかな…
カタ
カタ
カタ
カタ
えーい、これでどーだ!!
カチッ
しゃー、とりあえず給排水衛生設備図完成!!
イーン
ガガガガ…
うん…がんばんなきゃな…

在来工法浴室の排水方式

●2階以上に設ける在来工法浴室での排水設備の納まり

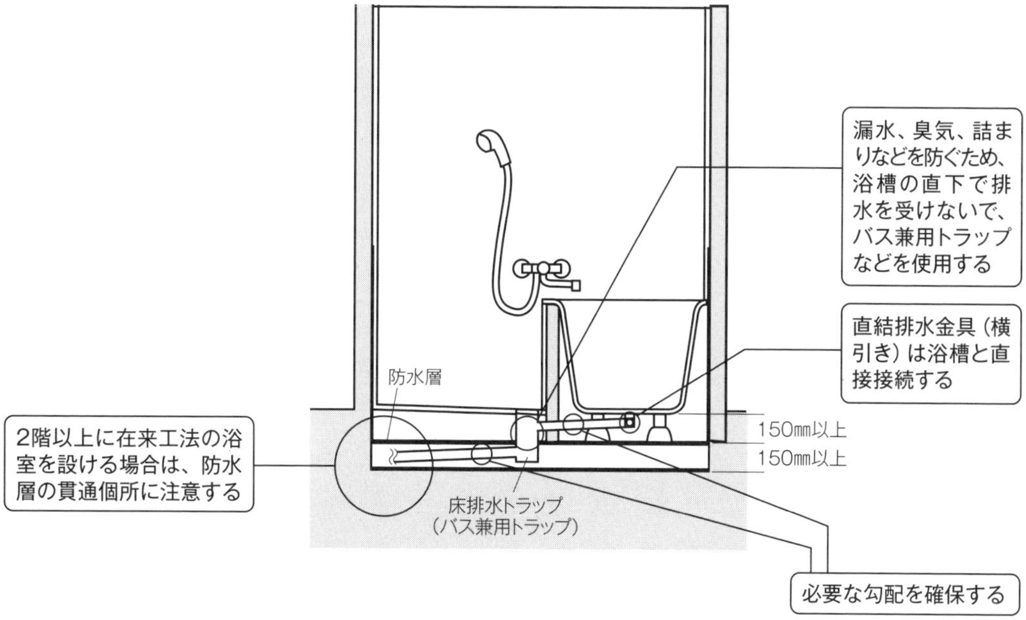

漏水、臭気、詰まりなどを防ぐため、浴槽の直下で排水を受けないで、バス兼用トラップなどを使用する
直結排水金具（横引き）は浴槽と直接接続する
防水層
150㎜以上
150㎜以上
2階以上に在来工法の浴室を設ける場合は、防水層の貫通個所に注意する
床排水トラップ
（バス兼用トラップ）
必要な勾配を確保する

2階以上でユニットバスではない在来工法の浴室を設けるときは、特に排水方法に注意が必要となる。
在来浴槽の排水は、浴槽下部で間接的に排水個所を設けると、万一長期に渡って排水管の閉塞などが起こっても、状況の確認やメンテナンスができない。漏水などの事故に直結する原因ともなるため、浴槽の排水は必ず配管と直接接続して排水する。2階以上では、浴槽の排水を屋外のトラップ桝まで通すのが難しいため、代わりにバス兼用トラップを用いるとよい。

写真のようなバス兼用トラップを使用すると、これらの問題をスムーズに解決できます

●バス兼用トラップ

在来浴室で使用する

KT7BT（SU）

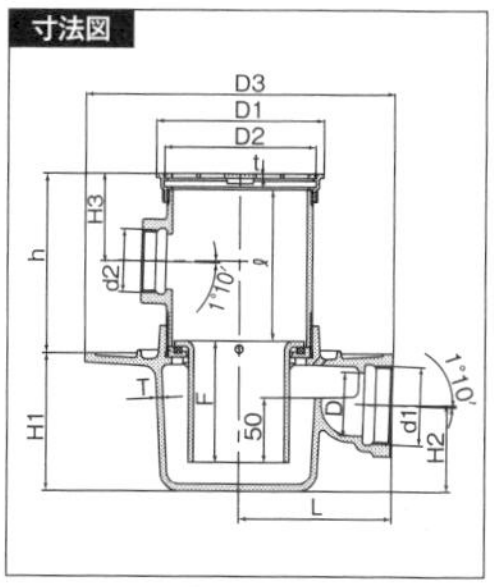

寸法図
D3
D1
D2
H3
h
H1
L
H2

KT5BT（SU）

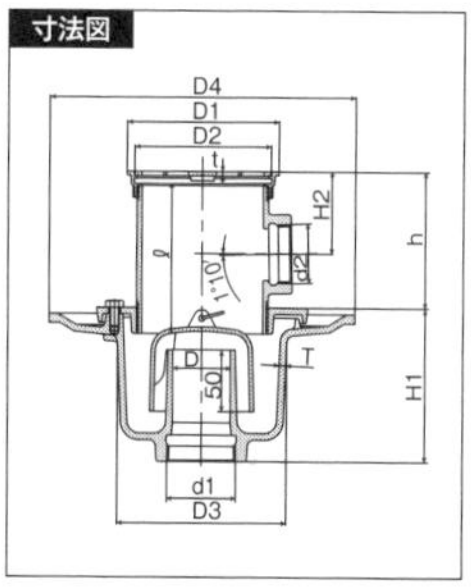

寸法図
D4
D1
D2
H2
h
H1
d1
D3

機種名	呼び A×B ℓ	d1	d2	D	D1	D2	D3	D4	F	H1	H2	H3	h	L	T	t
KT7BT（SU）	40×50 165	59.614	47.803	53	130	117	240	—	92	105	66	63	140~185	120	5.0	3.5
KT5BT（SU）	40×50 165	59.614	47.803	50	130	117	146	260	—	125	63	—	110~170	—	5.5	3.5

写真・資料提供／小島製作所

給排水衛生設備図（1F）

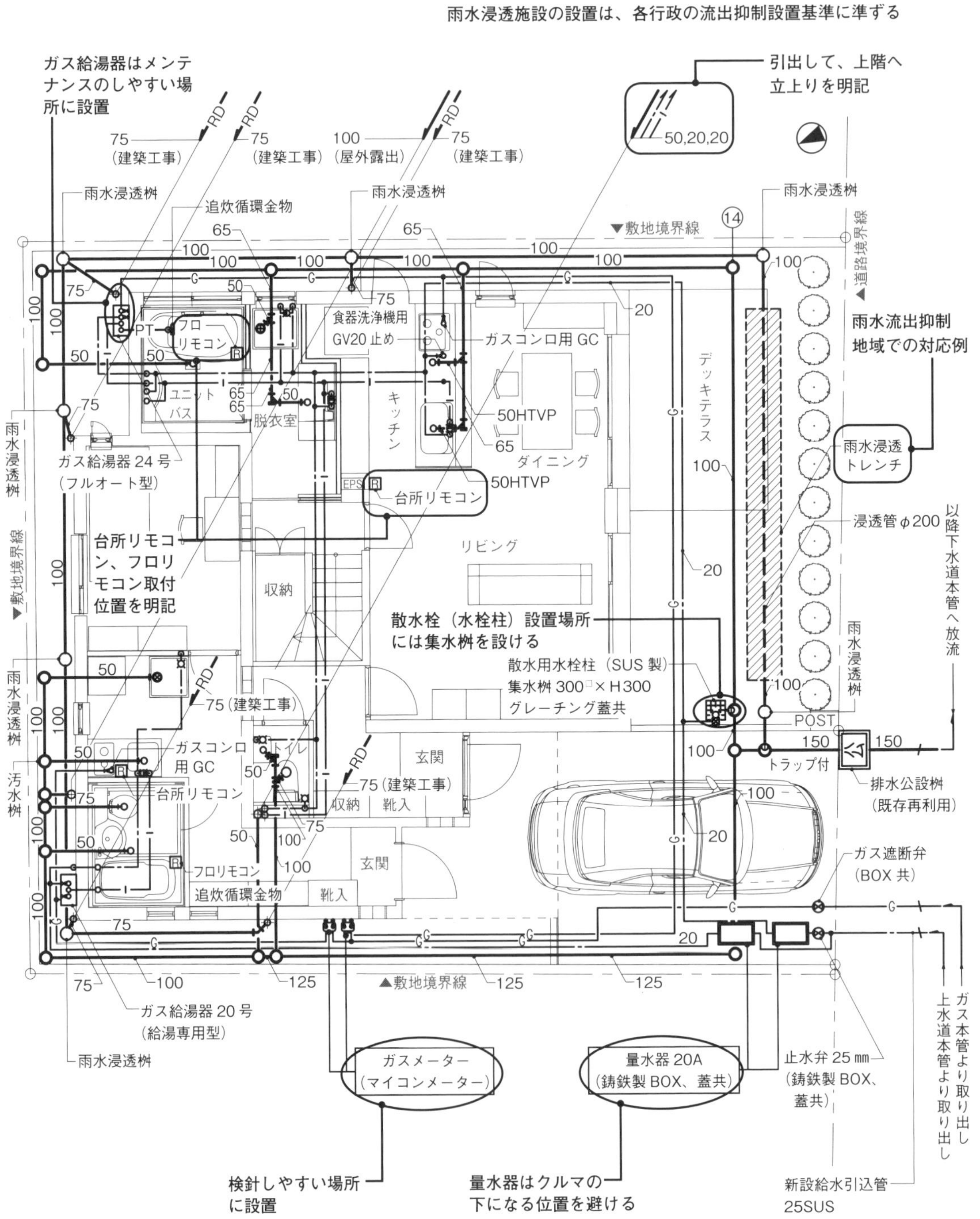

雨水浸透施設の設置は、各行政の流出抑制設置基準に準ずる
ガス給湯器はメンテナンスのしやすい場所に設置
引出して、上階へ立上りを明記
50,20,20
75（建築工事）
75（建築工事）
100（屋外露出）
75（建築工事）
RD
雨水浸透桝
追炊循環金物
65
100
75
50
PT
フロリモコン
ユニットバス
脱衣室
食器洗浄機用GV20止め
ガスコンロ用GC
キッチン
50HTVP
65
ダイニング
EPS
台所リモコン
デッキテラス
20
14
▼敷地境界線
▲道路境界線
雨水流出抑制地域での対応例
雨水浸透トレンチ
浸透管φ200
以降下水道本管へ放流
雨水浸透桝
ガス給湯器24号（フルオート型）
台所リモコン、フロリモコン取付位置を明記
リビング
収納
散水栓（水栓柱）設置場所には集水桝を設ける
散水用水栓柱（SUS製）
集水桝300□×H300
グレーチング蓋共
POST
150
トラップ付
排水公設桝（既存再利用）
雨水浸透桝
汚水桝
75（建築工事）
ガスコンロ用GC
トイレ
台所リモコン
75（建築工事）
玄関
収納
靴入
フロリモコン
追炊循環金物
ガス遮断弁（BOX共）
ガス本管より取り出し
上水道本管より取り出し
125
▲敷地境界線
ガス給湯器20号（給湯専用型）
雨水浸透桝
ガスメーター（マイコンメーター）
量水器20A（鋳鉄製BOX、蓋共）
止水弁25㎜（鋳鉄製BOX、蓋共）
検針しやすい場所に設置
量水器はクルマの下になる位置を避ける
新設給水引込管25SUS

給排水衛生設備図（2F）

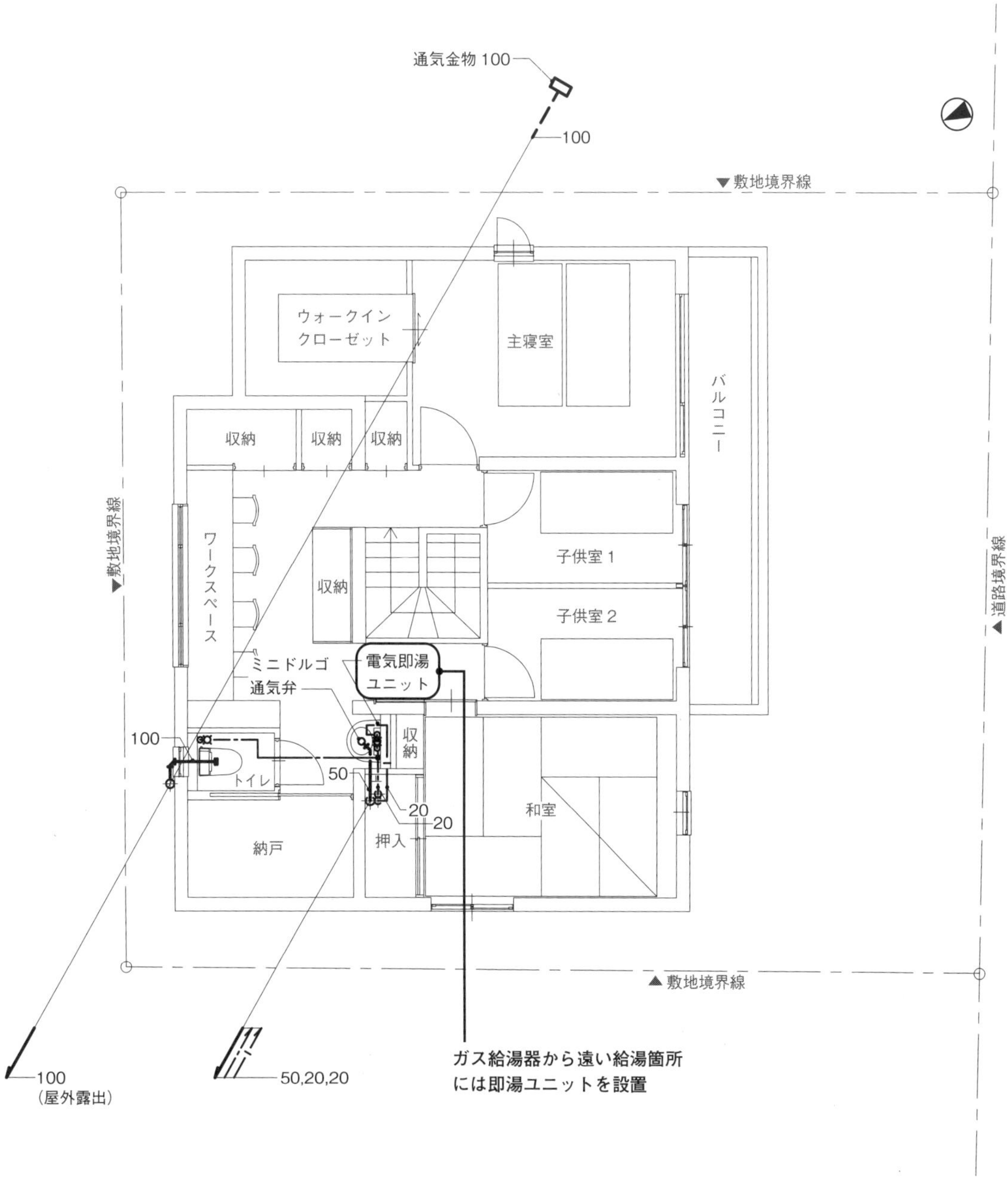

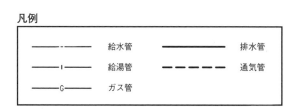

凡例

給水管	排水管
給湯管	通気管
ガス管	

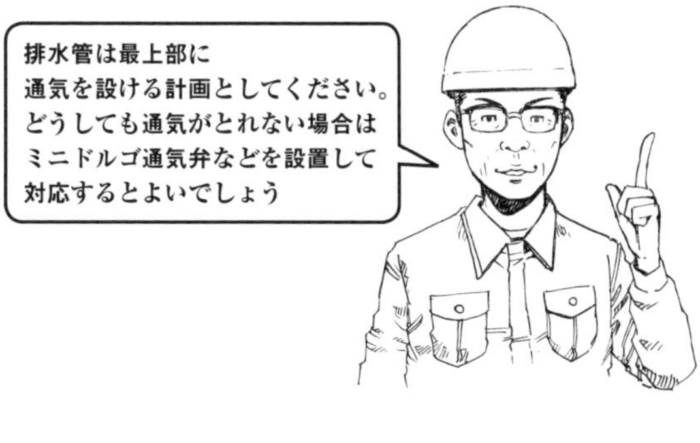

第3話 空調換気設備の設計

デザインと性能の狭間で

ごめんね、父さん車出させちゃって
ぜんそく、いつもよりアレだったからついね…
ああ…まぁ、大したことなければそれでいい
姉ちゃん今、優一さんから連絡あって仕事切り上げてこっちに向かうってメチャメチャあせってた
まったく、こんなときに肝のすわってない男だなまぁ、こっちもまだ仕事が終わってないんだ、帰るぞ
ふーん
つかえん
よく言うぜ姉ちゃんから連絡あったとき…
な…なにナナミが!!
あまりにもバタついてたからオレが運転しなきゃなんなかったんだから

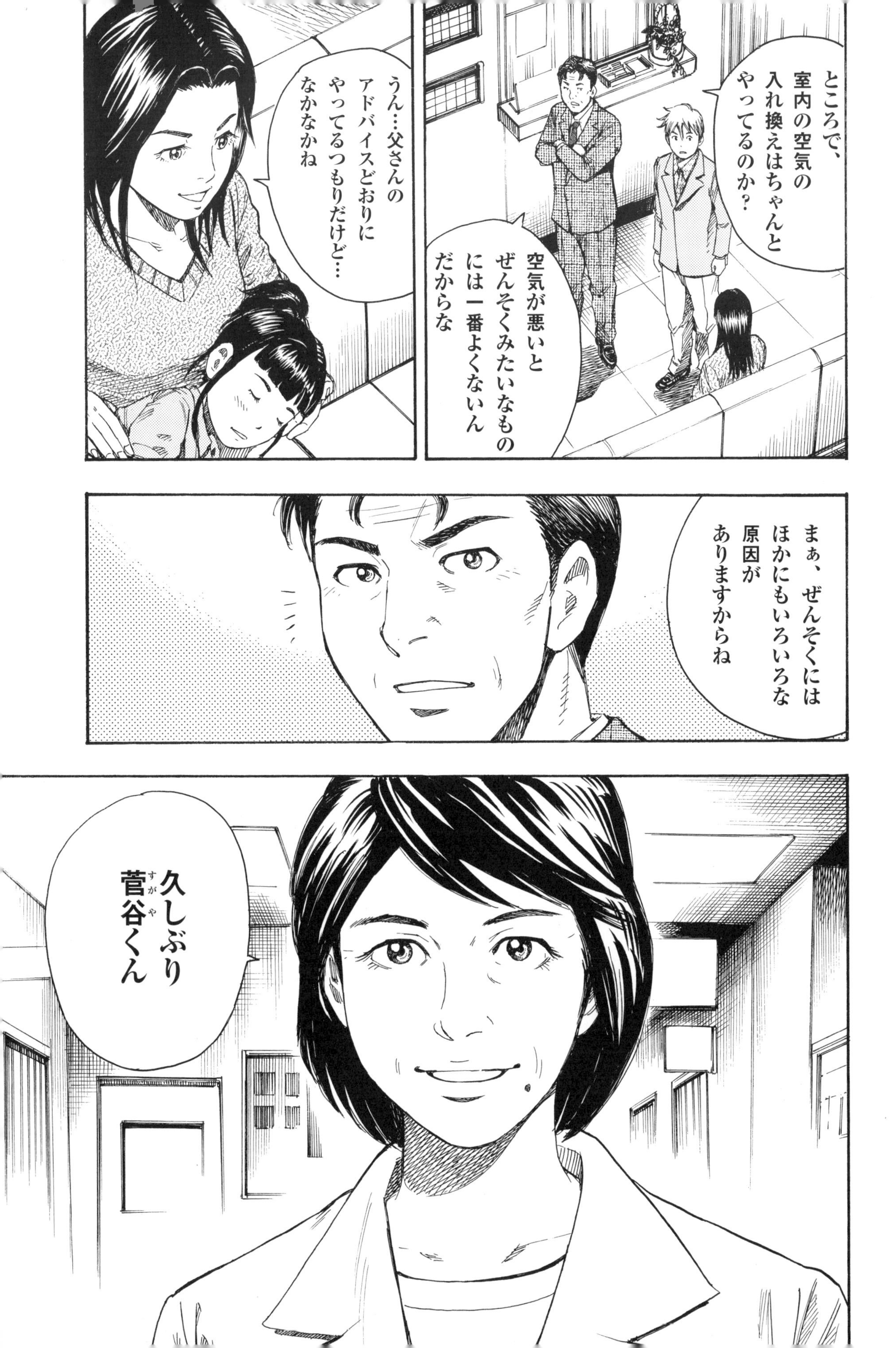
ところで、室内の空気の入れ換えはちゃんとやってるのか？
空気が悪いとぜんそくみたいなものには一番よくないんだからな
うん…父さんのアドバイスどおりにやってるつもりだけど…なかなかね
まぁ、ぜんそくにはほかにもいろいろな原因がありますからね
久しぶり菅谷《すがや》くん

…大島淳子《おおしまじゅんこ》……
それにしても奇遇よね 同級生のお孫さんを 私が担当するなんて
…ええ そうですね
モジ モジ
何で敬語…
…何だ、あの雰囲気… きしょくが悪い…
大島先生って学校のマドンナだったらしいからね
へー、じゃあ母さんとも同じ学校だったんだ
ゴホゴホ
ん？ 風邪ですか？
いえね…実は、私もナナミちゃんと同じなの 医者の不養生ってわけじゃないけど、去年、家を建て替えてからちょっとひどくなっちゃって…
一応、私も医者なんで化学物質には十分配慮して材料を選んでもらったんだけど…

それは、もしかしたら換気がきちんとできていないせいかもしれませんな
え？…換気？
でもよ、オヤジ最近の家だったら換気しろって御達《おたつ》しが国から出てんだから
換気ができてないってこともねーんじゃねーの？
…大島さん今度、お宅の換気設備を見せてもらっていいでしょうか？
えっ、見てくれるの？ありがたいわ
ちょうどこのバカに換気とは何かってことを教えるいい機会ですから！
えー!!
数日後
ふぇーすごい家ですね…
そうかしら？夫の知り合いの建築家に頼んだんだけど、そこそこ有名な人らしいわよ

換気の計画
給気口《きゅうきこう》も排気口《はいきこう》もついてるし、別に換気に問題なさそうですけど…
ねぇ、そもそも給気口ってどうして必要なのかしら？無駄に風が入ってきてすごく嫌なんだけど…
ああ、あれはですね家の換気設備にはないとダメなものなんです
そぉ？換気扇があるからいいじゃない
そうですねわかりにくいかもしれませんが、説明すると…
そもそも換気とは**汚染物質の排除**とともに、**脱臭・除塵《じょじん》・排湿・室温調整**などを各部屋ごとに目的をもって行うことです

換気の方法は
自然換気と機械換気に
大きく分けられます
自然換気は
窓などの開閉によって、
室内外の外風圧（風力換気）や
温度差（重力換気）で行う
最も省エネな手法ですが
空気入れかえたいけど、風がまったく吹かないや……
雨も降ってきたし、窓閉めなきゃ……
いかんせん屋外の
状況や外風の影響が
大きいので、安定した
換気効果を求めるのは難しい
一方の機械換気は
換気機器を使って強制的に
換気を行う手法です
機械換気はちょっと
ややこしいのですが、
給気ファンと排気ファンの
使い方によって
第1～3種の方式に
分かれます
3つ……
次は3つ
…オヤジ、
やけにていねいに
教えてんじゃねーか…
オレんときとは違って…
まず、給気と排気の
両方を換気機器で行う
第1種換気
給気のみを
換気機器で行い、
排気は自然排気にする
第2種排気

機械換気の種類

●正圧《せいあつ》　物体の表面で、圧縮される方向に働く圧力 ⟷ ●負圧《ふあつ》　物体の表面で、吸引される方向に働く圧力

●第1種換気

給気 → 機械給気　排気 → 機械排気

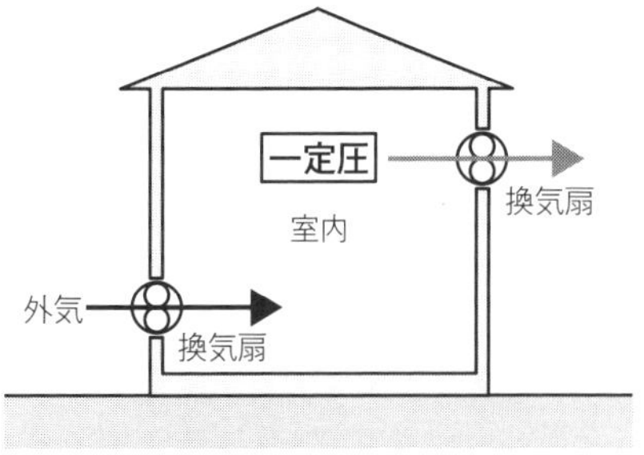

使用個所

- 主寝室
- オーディオルーム　など

●第2種換気

給気 → 機械給気　排気 ┈▶ 自然排気

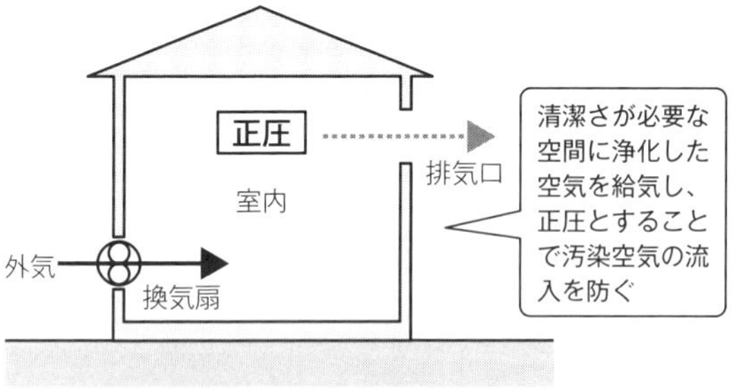

使用個所

- ボイラー室　など

●第3種換気

給気 ┈▶ 自然給気　排気 → 機械排気

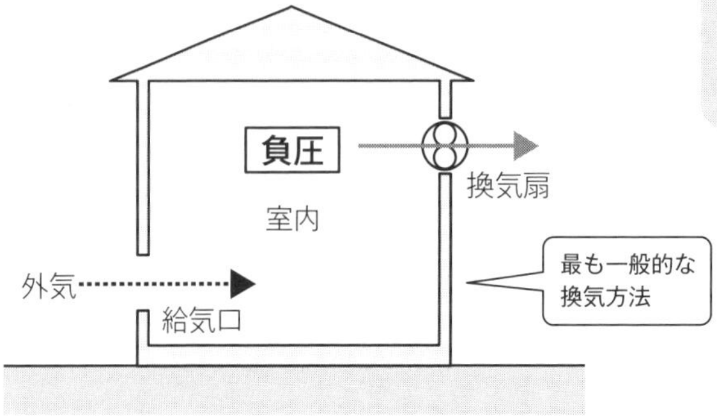

使用個所

- トイレ
- キッチン
- 浴室
- 屋内駐車場　など

換気には、必ず空気の入口と出口が必要。能力の大きい換気扇を設置しても、必要な面積の出入口がない空間では、換気扇の機能が生かされない

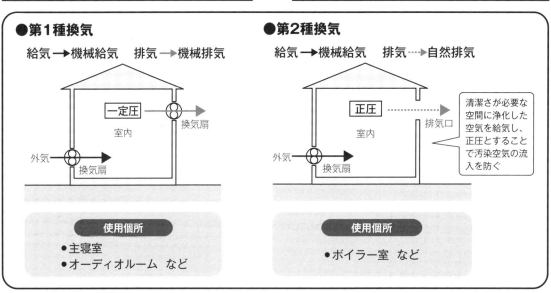

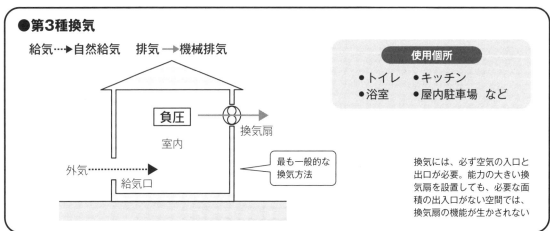

つまり排気には給気が必要でこの2つがセットになってはじめて部屋の中の空気が循環するんです
給気
空気の流れ
排気
空気は取り入れないと排出できない
いくら換気扇を回して排気をしても、もう一方から空気を取り入れてやらないと換気はできないんです
へー、だからあの給気口ってのがあるのね
初めて知った
24時間換気
そもそも最近の家は24時間換気をし続けなければならないと、法令で定められています
え、24時間？そんな法律があるの⁉
建太、なぜだか言ってみろ
え…そ、そりゃシックハウス法があるからだろ
ほう、お前にしてはよく知ってたな
そ…そんぐらい当たり前だろ！
近年の住宅は国の方針で高気密《こうきみつ》住宅というものが推進されてきました
高気密、すなわち住宅から隙間《すきま》をなくすことで冷暖房の効率を向上させ、省エネを実現し、CO_2の排出も削減しようというわけです
ただ、ここで1つの弊害が出てきました
それは換気不良の問題です

我々が子供の頃の家なんてどこかしら、隙間風が通り抜けていたのが当たり前でしたよね
まぁそうだったわね
昔の家は、それで自然に換気が行われていたのですが
高気密住宅の場合空気の抜ける場所がないので、内部の空気が滞留しやすくなります
そうなるとカビやハウスダスト、建材《けんざい》に含まれるホルムアルデヒドなどの有害物質が部屋にとどまって、シックハウス症候群を引き起こすという問題が出てきました
ハウスダスト
カビ
ゼー
ゴホ
ゴホ
ゼーゼー
ダニ
ホルムアルデヒド
その対策として国は機械換気による24時間換気システムの設置を義務づけた**シックハウス法**(改正建築基準法)を2003年に施行したんです
まぁ、要は、これからつくる家には換気機器をつけて24時間、換気扇を回しとかなきゃダメだぞという法律をつくったってことですな
そういうことなんだ

シックハウス対策の３本柱

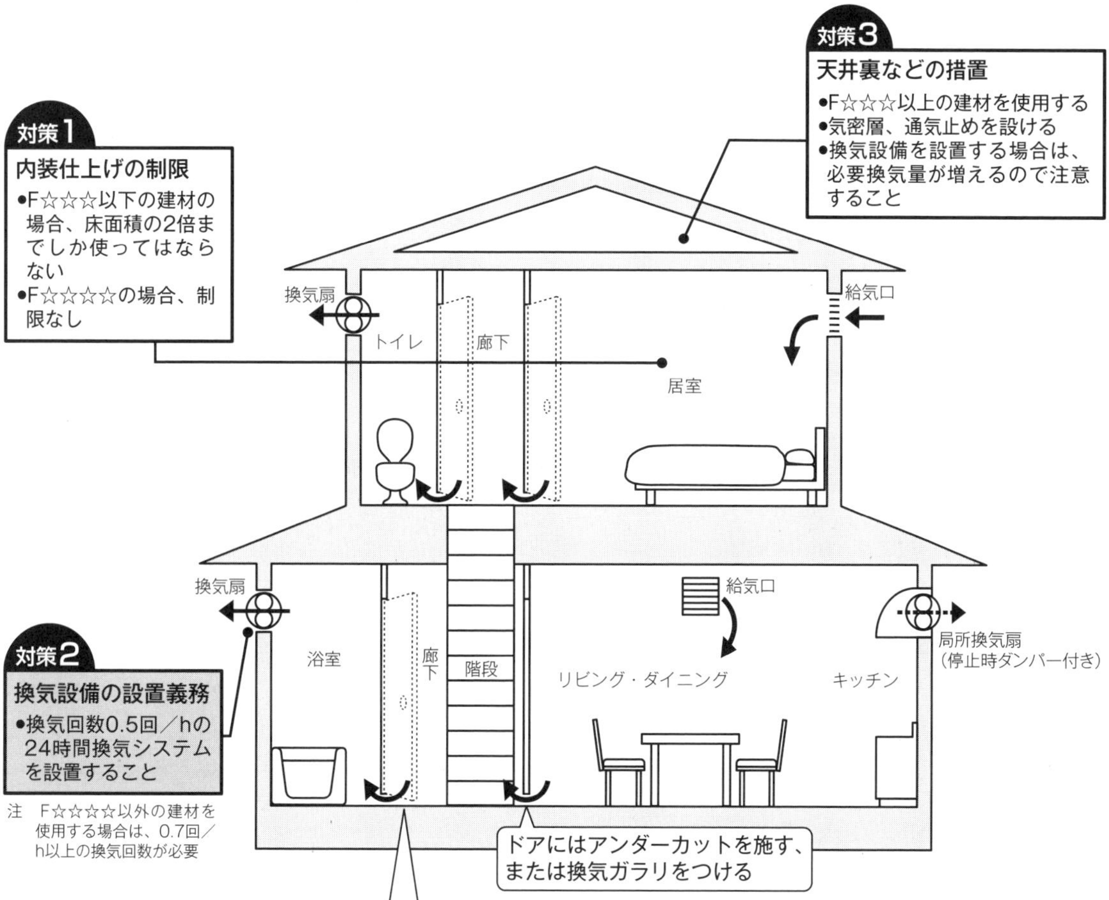

●居室と一体の換気経路とみなされる建具

●一般住宅の居室の場合、機械換気設備により原則0.5回/h以上の換気回数を確保しなければなりません。換気回数とは、換気量（m^3/h）を居室の容積（m^3）で割った値で、1時間に居室全体の空気が外気と入れ替わる回数を表します

●有害物質であるホルムアルデヒドを発散する量の多い建材（F☆☆、F☆☆☆）を使用する場合は、換気回数は原則0.7回/h以上と決められています（ただし、現在使われている建材は、ほとんどF☆☆☆☆や規制対象外のものです）

でもさ…それって よく考えたら おかしな話だよな
だって、いくら高気密化で 冷暖房の効率がよく なったって
換気で外気を常に入れなきゃ ならないんだったら、適温になった室内の空気を捨てて 新しく入れた外気を冷暖房し直さ なきゃならないってことだろ
なるほど… それは そうね…
それに、ずっと換気扇を 回さなきゃいけないって… それで省エネになってん のかな?
ほう、お前にしては いいところに気がついた じゃないか
まぁ、お前の疑問は もっともだと思うが この件については私も、正直、法律でそう決められている からとしか答えようがない
フン
何だよ それ!!
たしかに24時間換気システムの おかげで換気効率は向上するが その代償として、高気密のメリットである冷暖房の 効率は低下してしまう
この弱点をカバーする 方法の1つとしては 全熱交換型《ぜんねつこうかんがた》換気 システムがあるな
え?

全熱交換型換気の熱交換の仕組み

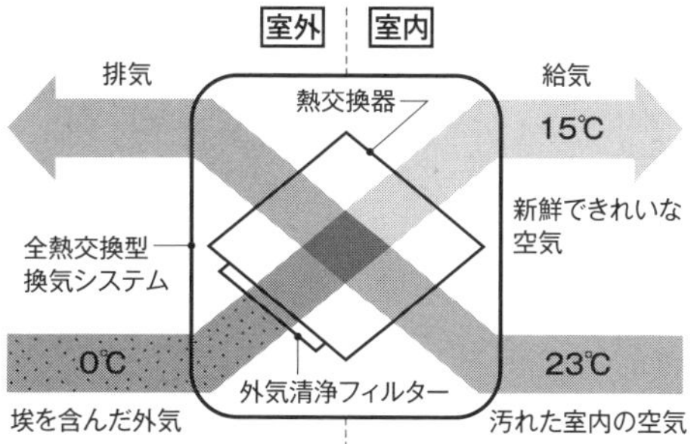
室外
室内
排気
給気
熱交換器
15℃
新鮮できれいな
空気
全熱交換型
換気システム
0℃
23℃
外気清浄フィルター
埃を含んだ外気
汚れた室内の空気

全熱交換型換気システムは排気（室内の空気）によって逃げる熱エネルギーを回収し、給気（外気）と熱交換することで換気による室内温度への影響を減らすものだ

熱交換型換気の空気の流れ

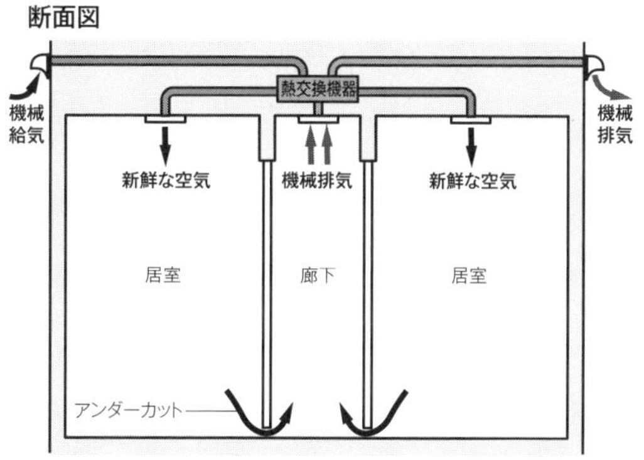
断面図
熱交換機器
機械
給気
機械
排気
新鮮な空気
機械排気
新鮮な空気
居室
廊下
居室
アンダーカット

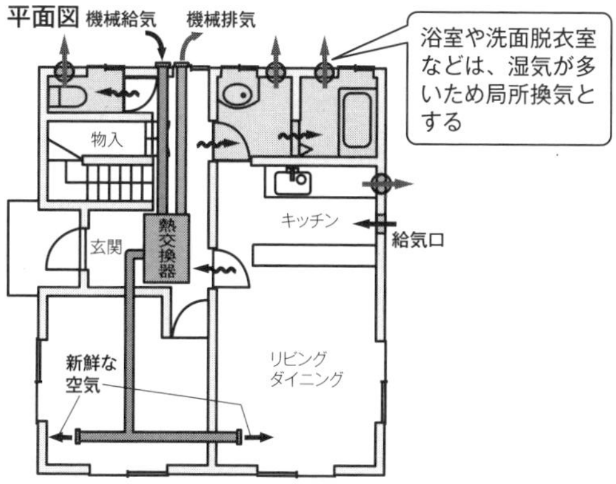
平面図
機械給気
機械排気
浴室や洗面脱衣室などは、湿気が多いため局所換気とする
物入
熱交換器
玄関
キッチン
給気口
新鮮な空気
リビング
ダイニング

もともとオフィスや店舗では採用されていたシステムだが24時間換気の導入義務化に合わせて住宅用の機器も各メーカーでラインナップするようになった
ただし、ダクトを用いるシステムなので、大型の換気機器を設置しなければならない設置計画には十分な検討が必要になるな
へー、いろいろ考えるのねー
だとすると…やっぱりこの家ちょっとまずいかも…
え？
どうかしたんですか

だって、ほら この部屋の給気口 1コ、家具でふさいじゃったから
この裏
ほかの部屋も たしか、何コか ふさいだ記憶が…
えーっ！
だってね、リビングのソファでくつろいでたら、ちょうど後頭部に風がヒューヒュー当たるの
ヒュー
ヒュー
イラ
イラ
イラ
夏は熱風だし 冬は氷みたいな 冷気で、寒くて 寒くて…
あまりにも 腹が立って つい…
それは、実際に住む人間のことを考えない、頭だけのデザイナーが設計すると往々にしてあることです
人が長時間過ごす場所で、そんな低い位置に給気口を設置すること自体、そもそも間違っているんです

給気口を設ける際、取り付け位置や高さの規定はありません
しかし、人が生活することを考えて、邪魔にならない場所や家具などでふさがれる位置に設置しないのは当然です
せっかく換気システムがあっても、ふさがれて機能しなければ元も子もないですからな
なるほど…
高さのことまでまったく考えてなかった…
ストッ
そうなのよ…この家、建てる前の打ち合わせまではよかったんだけど、実際に住み始めてみるといろいろ使いにくいのよね
たとえば、レンジフードを回しているときなんか扉の隙間からヒューヒューって音がしたり、扉が急にバタンって閉まったり、逆に開けづらかったり…
おかげでドアのガラスにヒビが入っちゃったもの
建太、なぜそんな現象が起こると思う？
え…えーと何だっけ…

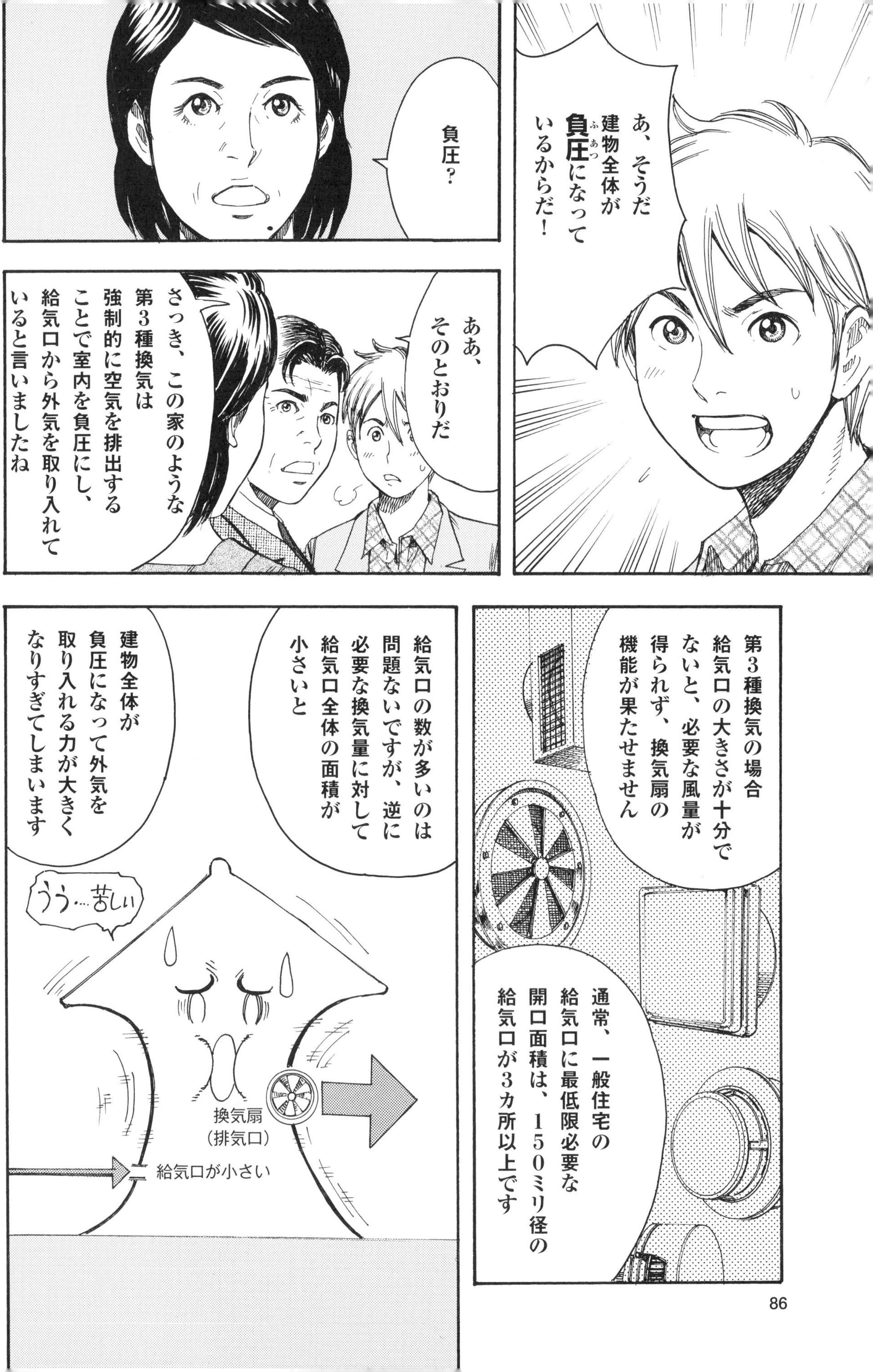
あ、そうだ建物全体が負圧《ふあつ》になっているからだ！
負圧？
ああ、そのとおりだ
さっき、この家のような第3種換気は強制的に空気を排出することで室内を負圧にし、給気口から外気を取り入れていると言いましたね
第3種換気の場合給気口の大きさが十分でないと、必要な風量が得られず、換気扇の機能が果たせません
通常、一般住宅の給気口に最低限必要な開口面積は、150ミリ径の給気口が3カ所以上です
給気口の数が多いのは問題ないですが、逆に必要な換気量に対して給気口全体の面積が小さいと
建物全体が負圧になって外気を取り入れる力が大きくなりすぎてしまいます
うう…苦しい
換気扇（排気口）
給気口が小さい

すると、給気口やサッシの隙間を空気が通り抜けるときにヒューと音がしたり、開閉に支障をきたすことがあるんです
ヒュー
え？おばけ!?
第3種換気は、第1種よりシンプルで安価なのはいいのですが、花粉対策などで給気口に目の細かいフィルターをつけると、目詰まりで給気が不十分になります
まめにフィルターを清掃するなど、使う側のメンテナンスや換気に対する理解がないと効果を発揮できません
フィルターの掃除はコマメに!
そうか…給気口をいくつかふさいでいたから、うちではちゃんと換気ができてなかったってことなのね…
ええ、しかしこの部屋の換気計画にはそもそも根本的な問題があります
え？
建太
えっ…またかよ…
えーと…給気口は2つあるし（1つはふさがれたけど）、換気扇はついてるし…
う〜ん
換気口
給気口
家具でふさがれている
給気口
まさかっ！給気口と見せかけて実は貴重品隠しになってるとか!?

給気口と排気口の位置

全般換気では、給気口と排気口を分散させ、できるだけ遠くに設けて均一に換気する

悪い例 ×

ショートサーキットとは
わかりやすく言うと
給気口と排気口が近すぎて
その狭い範囲の一角でしか空気が
循環しなくなる現象のことです
これでは部屋全体の換気は
できません

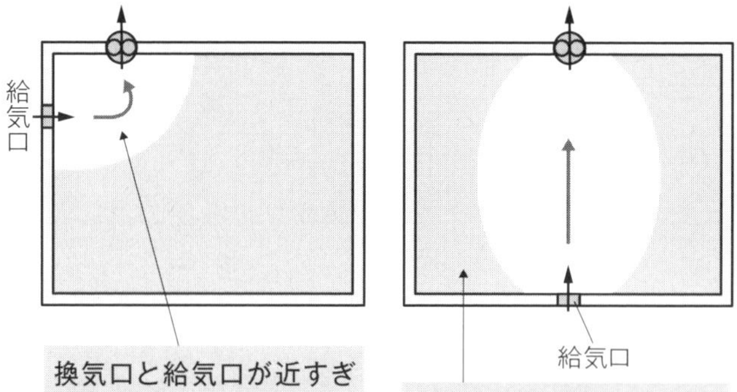

換気口と給気口が近すぎると、換気の範囲が限定される

位置を分散させていないと、換気の悪い場所が多くなる

それ以外にも
給気口と排気口を同一線上に
設置するのも、その間だけしか
空気が流れなくなるのでダメです

よい例 ○

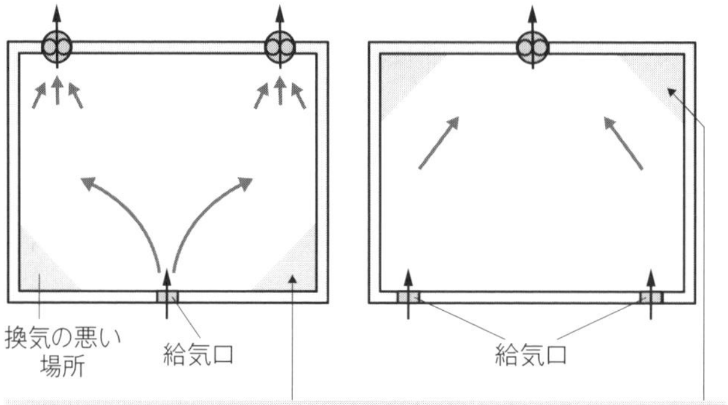

換気口を分散して取り付けると、換気の悪い場所が少なくなる

部屋全体を均一に換気するには
給気口と排気口の位置を分散させ
できるだけ遠くに設けることが
大切なんです

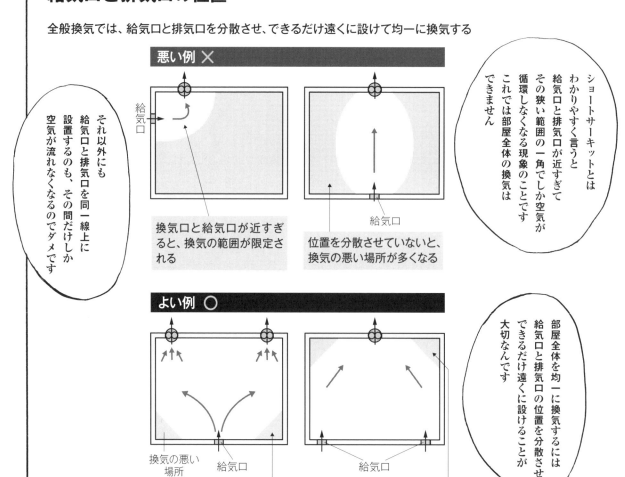

換気経路（局所換気と全般換気を兼ねる例）

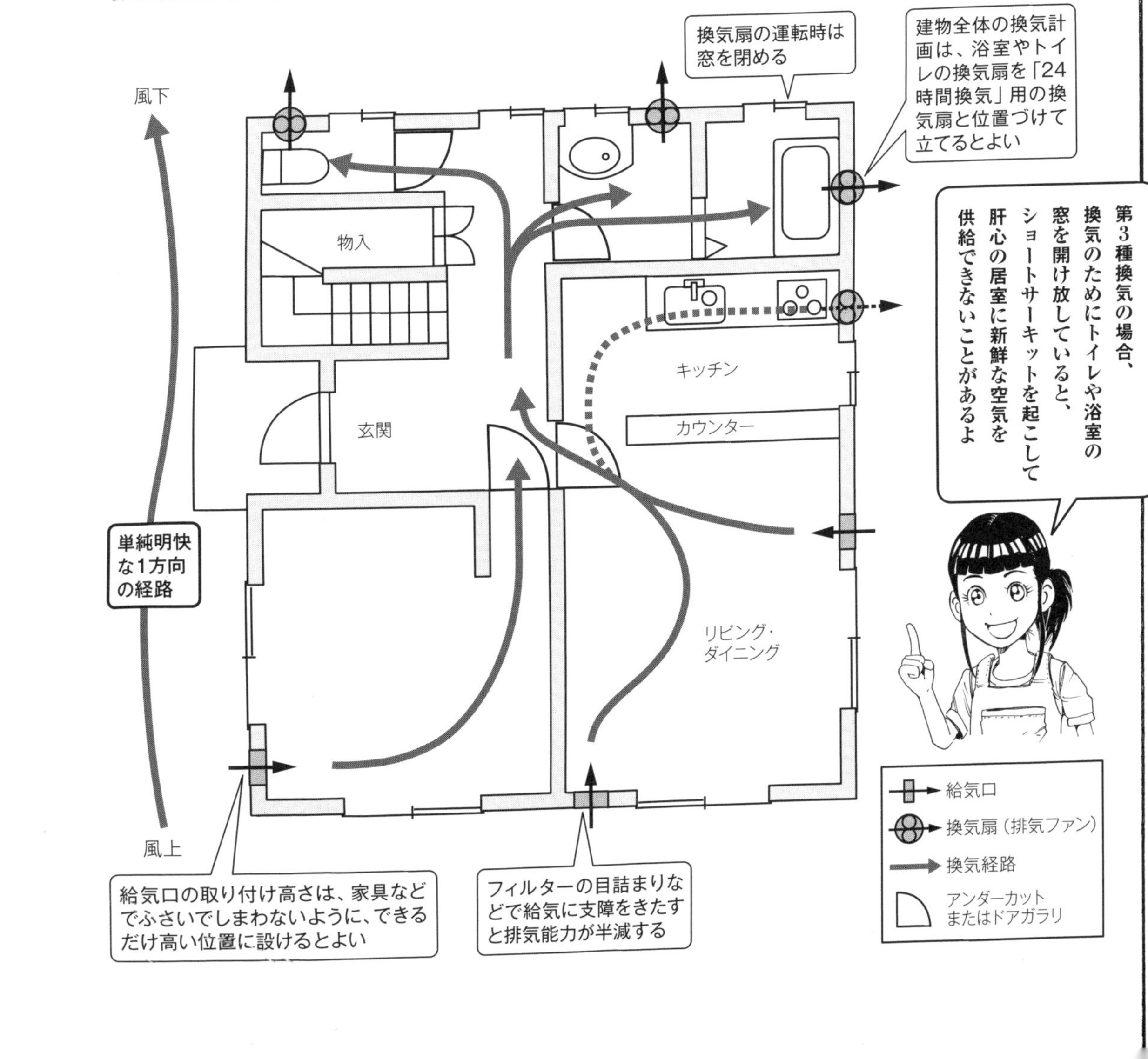

へー、そうなんだ
菅谷《すがや》くん、さすが
プロって感じよね
いやー
うわ…ジジイ
なに照れてんだ…
はっ
まさか、オヤジ
年がいもなく…
相手は
人妻だろ…
いや、考えるの
よそう
マジで気持ち
悪くなってきた…
ゴホゴホッ
ゴホッ…そういう話を聞くと
やっぱり、この家には
シックハウスの影響が
あるのかもね…
……
何にせよ、体に
悪いのは
事実ですから
私から言わせれば、こんな
換気計画を立てた建築士は
素人以下としか思えませんな
ほう…どなたか
知りませんが
言いたいことを
言ってくれますなぁ

この家は、海外でも受賞歴のある有名なセンセイが設計してくれたんです
それにケチをつけるくらいだから、あなたもさぞかし高名な建築家の方なんでしょうな
ちょ…ちょっと、あなたお客様にそんな言い方、失礼でしょ
失礼なのはどっちだこの家は忙しいセンセイにさんざん頼み込んでやっと設計してもらったんだぞ‼
いくらかかったと…
あっ、す…すみません…別に悪気は…
気に障ったのなら申し訳ありません
きっとその建築家はすばらしい方なのでしょうしかし…
エアコンの設置
その方が設計された家のエアコンの化粧ガラリが取り外されているのはどうしてでしょうか？
ほかの部屋も見せていただきましたが、エアコンの化粧ガラリはすべて取り外されていますよね？

え…そ、それは…
あー、そーなのよ　あれがあると、実際エアコンが全然効かないのよね
最近はエアコンを壁の中などに隠すデザインをよく見かけます
私にはわかりませんが建て主も建築家もエアコンが見えているのがデザイン的にかっこ悪いと感じるのでしょうな
そのため化粧ガラリなどで前面を覆いたがるようですが設置の仕方を間違えるとエアコンの機能は低下します
ガラリの開口率を70%以上確保することや、仕切板《しきりばん》を利用してショートサーキットを防ぐなどの配慮を怠ると、エアコンの能力は十分に発揮されません
ほとんどの場合化粧ガラリのせいでショートサーキットを起こして正常に作動していないと考えていいでしょう

エアコンの上手な隠し方

壁掛け型

●立断面

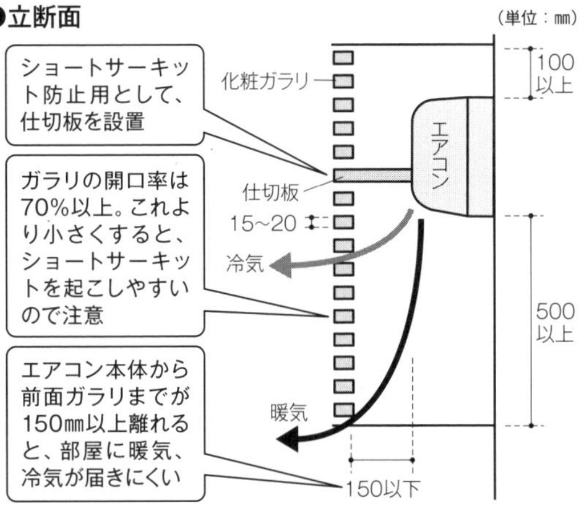

●平面

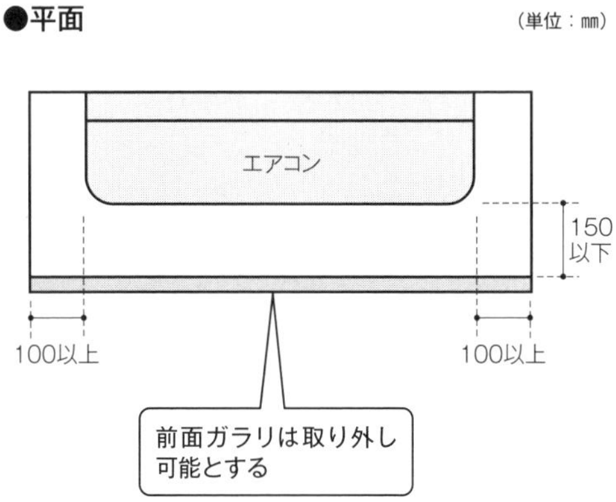

床置き型

●立断面

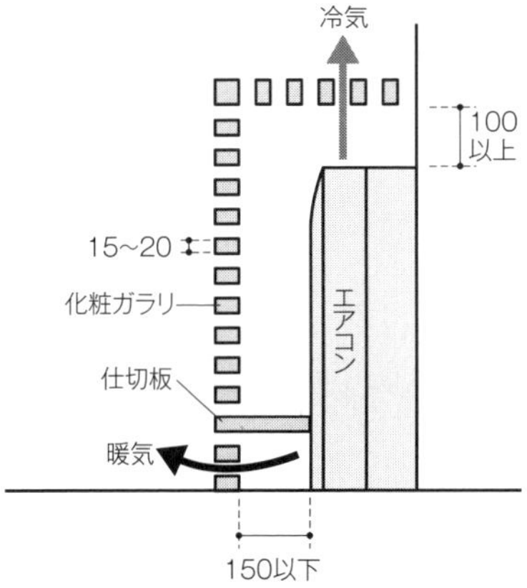

●平面

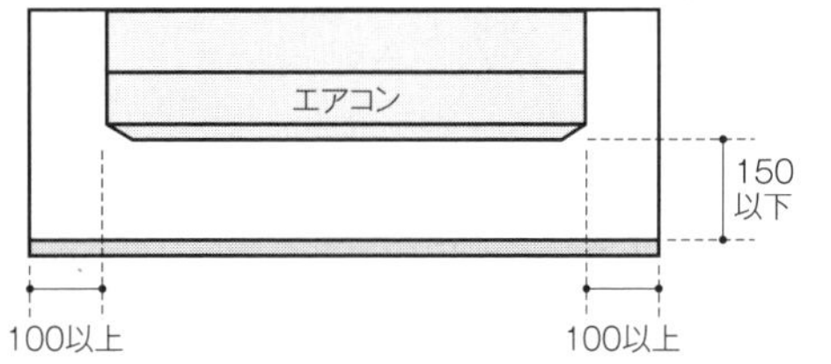

室外機

●立断面

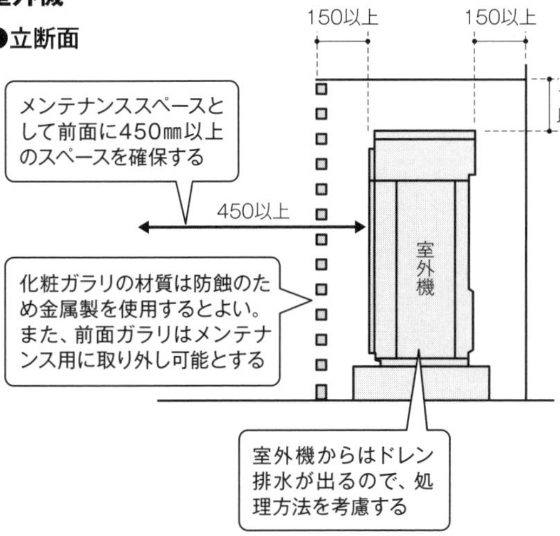

●平面

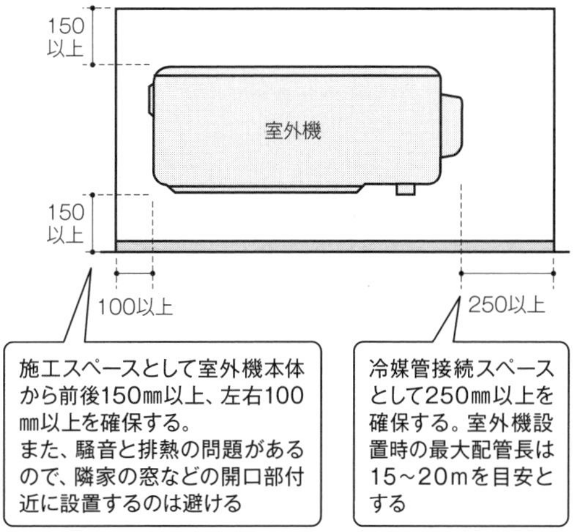

な…なんだ…それじゃあうちのエアコンの設置方法はダメだって言いたいのか！
そういうことです
まぁ、私の知る限り、デザインを重視した結果エアコンが効かずに結局ガラリを外してしまうなんてよくあることです
うわぁ…意味ねーじゃんそれ…
エアコンに関しては施工後のクレームが意外に多くて
エアコンの下に家具を置いたことで効きが悪くなったり
十分なスペースが必要
室外機置き場も十分検討しておかないと排熱や騒音などがクレームになりやすい周囲の状況なども考慮しなければなりません
風が部屋の隅々まで届く場所を選ぶなど、エアコンの設置というのは案外難しいものなんです
へー
ゴホゴホ
……

つかぬことを おうかがいしますが エアコン以外に床暖房や オイルヒーターなどは 設置されていない のでしょうか？
え？
あ…ああ、この家は 断熱がしっかりしているから 床暖房なんて必要ない エアコンで十分だって センセイがおっしゃったんだ！
…たしかに、そうなんでしょう しかし、どのような空調設備を 設けるか、打ち合わせのときに 話し合われなかった のでしょうか？
オヤジ…
は？ だから センセイが いらないって
そうですか… 関係ないと思われる かもしれませんが 少し空調《くうちょう》の話を させてください
は？ 空調？
あたふた
うわ… ヤバイ ヤバイ
人が家の中で快適に 過ごせるよう、部屋の空気を きれいにしたり、室温を 調節したりする
それが空気調和設備 というものです
空調の方式は 対流式・伝導式・放射式の 3種類

空調方式の種類

対流式

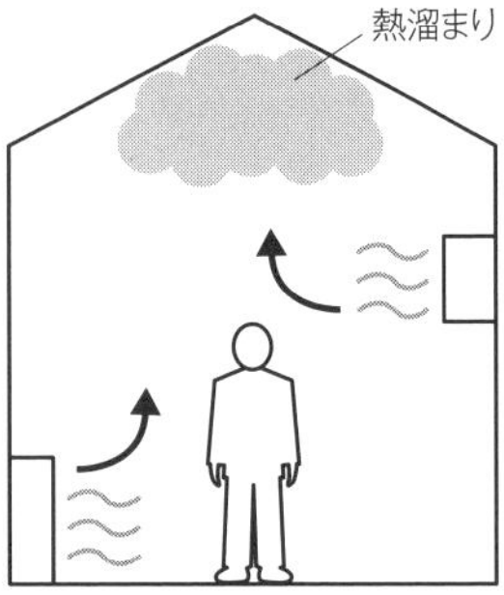

熱溜まり

特　徴

エアコンやファンヒーターなど、温風や冷風を直接放出し、強制的に空気の対流を起こすことで室温を調節する

メリットと注意点

- ●急速に冷暖房が効く
- ▲暖房は天井付近ばかりが暖まりやすいので、頭がボーッとしたり、逆に床付近の足元に冷えを感じる
- ▲温風や冷風が直接体に当たり、不快に感じることがある

伝導式

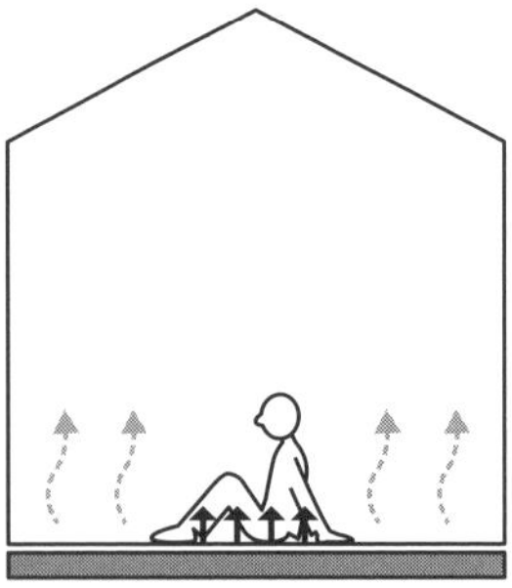

特　徴

床暖房などのように、直接熱媒体に接触することで、暖かさを感じられる

放射式

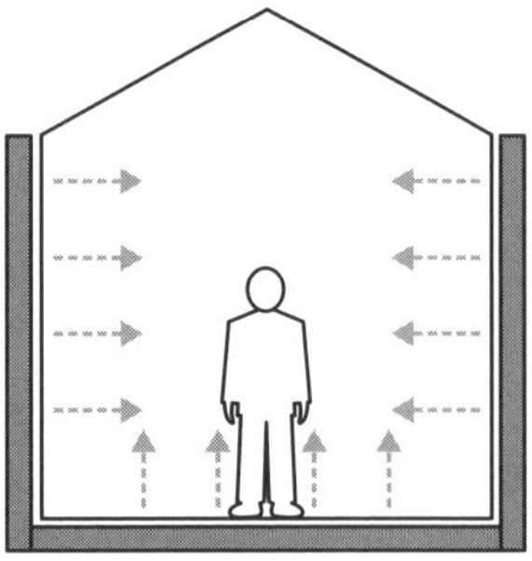

特　徴

暖房時は機器・建物からの放射熱により、人体表面からの熱放射量を抑え、暖かさを伝える。温度の低い場所にも熱が伝わり、室内の空気も均一に暖まる

メリットと注意点（伝導式・放射式）

- ●温風や冷風が直接体に当たることなく、心地よい暖かさや涼しさが感じられる
- ▲対流式に比べ、部屋全体が暖まるまでの時間が必要

（放射式）

- ▲イニシャルコストがほかの方式より割高

各部屋やエリアごとに
空調機器を設けるのが「個別方式」、
建物全体を1つのシステムで
空調するのが「セントラル方式」だ

空調方式と具体的な機器

空調方式

- **対流式**
  - 個別方式
    - ●エアコン
    - ●ファンヒーター
    - ●温風暖房器
  - 個別方式・セントラル方式
    - ●マルチエアコン
  - セントラル方式
    - 全館空調方式
- **伝導式**
  - ●床暖房
  - ●ホットカーペット
- **放射式**
  - 個別方式
    - ●オイルヒーター
    - ●電気式パネルヒーター（遠赤外線ヒーター）
    - ●蓄熱式電気暖房器
  - セントラル方式
    - ●温水式パネルヒーター
    - ●床暖房（床冷暖房）
    - ●放射式冷暖房システム

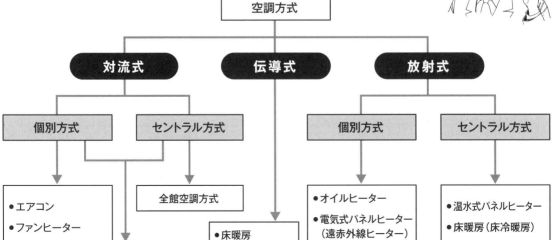

エアコンやファンヒーターなどの対流式は、施工性やコスト面から考えて最も採用されやすい方式ですが…
反面、機器によっては室内の埃《ほこり》やアレルギー成分まで一緒に巻き上げてしまうおそれがあります
たしかに、床暖房などの伝導式や放射式は設置費用やランニングコスト、設置環境などがネックになりますが
アレルギーや花粉対策に配慮するなら伝導式、放射式も選択肢に上《のぼ》ってきます
コホッ
何がいいとは一概には言い切れませんが、そこに住む人の体質や空調に対する考え方などを考慮して
こういう選択肢もありますよとアドバイスするのも私たちの仕事なんです
……
す、すみませんでした…オヤジが勝手なことばかり…

ちょっとセンセイ！どーゆーことですか(泣)
いいの、いいのすごく参考になったわ ダンナはすごく不機嫌そうだったけど
でも、変わんないわね あの感じ…私、菅谷くんのそういうところ好きだったな
またまたあんなのどこが…嫌な人間を凝縮したようなヤツですよ
でも、彼あなたのお母さん一筋だったから私なんか見向きもされなかったけどね
え？そんな頃からオヤジたち
彼女、子供の頃の病気で、体が弱かったでしょ
だから、菅谷くんいつも言ってたんだ
彼女が安心して住める家をつくるのがボクの夢なんだって
ホントさーむかつくぐらいやけちゃうわよね
ん？ 何してるそろそろタクシーが来る時間だぞ

いやーお義父さん
それにしても
迷いますよねー
わくわく
わくわく
とくに床暖房なんて
パンフレット見てるだけで
ワクワクしちゃいますよ――
いやー何が
いいんですか
ねー
ごめんね、あの人
あーいう人だから
わく
わく
何がいいんだ
――!!
んーまぁ、何がいいと
言われても、一般的なのは
電気ヒーター式だと
「電熱線式」
「温水循環式」だと
給湯兼用型だが、
ほかにもいろいろな
方式があるから
その家に合った使い方や
ランニングコストも
考えて選ばないと
いけないものだからな

床暖房の方式と特徴

電気ヒーター式

熱源 **電力**

- 通電すると発熱するヒーターパネルで床を暖める
- 熱源機器を別途設置する必要がない
- 施工しやすく、イニシャルコストが割安

●電熱線式

電気カーペットなどに使用されている電熱線を発熱体として使用。サーモスタットや温度ヒューズを内蔵したパネルを敷く

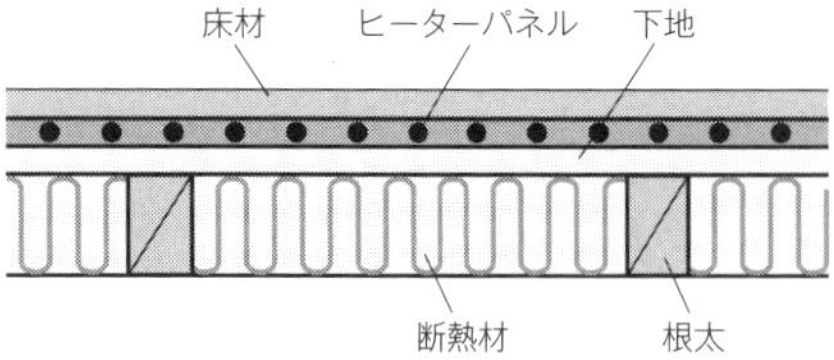

床材
ヒーターパネル
下地
断熱材
根太

●PTC[※]ヒーター式

ヒーター自体が周囲の温度によって発熱量をコントロールする。温度が高い部分は電気が流れにくくなるため、部分的な過度の温度上昇を抑える

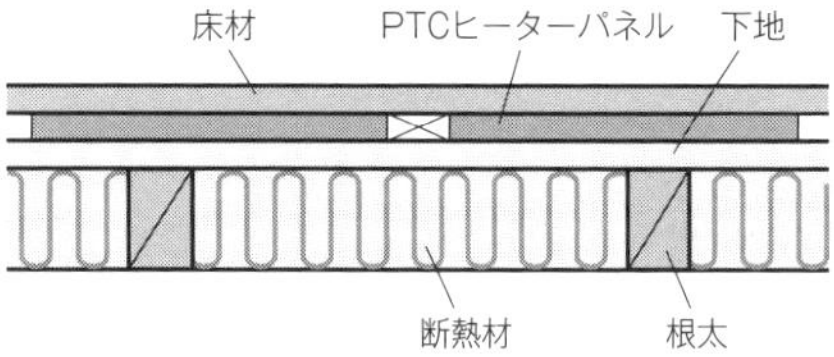

床材
PTCヒーターパネル
下地
断熱材
根太

※ヒーター温度が上がると、電気抵抗値が上昇すること。Positive Temperature Coefficientの略

●蓄熱式

割安な夜間の電気を使ってヒーターを運転し、翌日はその放熱で暖める。温度のコントロールはしにくいが、24時間暖房を低ランニングコストで実現できる

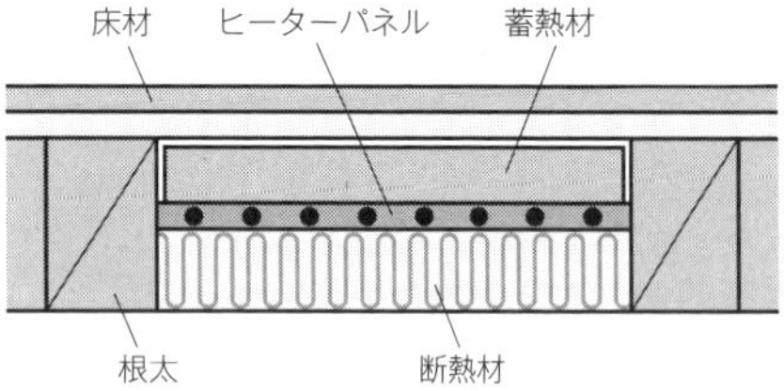

床材
ヒーターパネル
蓄熱材
根太
断熱材

床暖房を主暖房とする場合は、住宅の断熱・気密性能が「次世代省エネ基準」レベルであることが必要だ

温水循環式

◆温水パイプに不凍液を循環させて暖める
◆暖房能力が高く、ランニングコストが比較的安い

熱源 **ガス(灯油)**

- ボイラーの設置スペースが必要
- ボイラーの交換・メンテナンスが必要

注　灯油の場合は、燃料タンクやパイプの設置も別途必要

●暖房専用型

床暖房専用の給湯熱源機を設けて、温水をつくり循環させる。エアコン兼用タイプもある

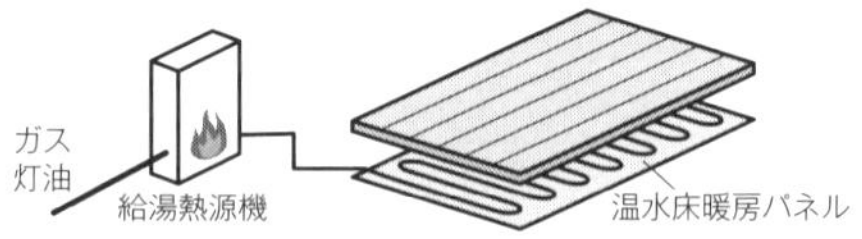

ガス
灯油
給湯熱源機
温水床暖房パネル

●給湯兼用型

高効率給湯器で温水をつくり循環させる。給湯兼用の多機能タイプ

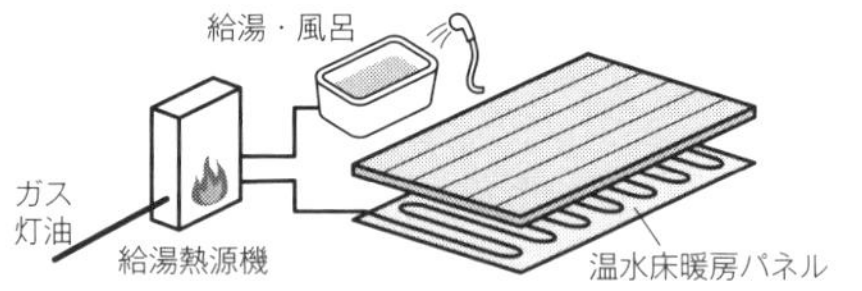

給湯・風呂
ガス
灯油
給湯熱源機
温水床暖房パネル

熱源 **電力**

- 空気の熱を利用するヒートポンプを利用するため、消費電力が少ない
- 夜間の割安な電気を使うので、ランニングコストを抑えられる

●暖房専用型

床暖房専用のヒートポンプユニット(室外機)を設置して、温水をつくり暖める。エアコン兼用タイプもある

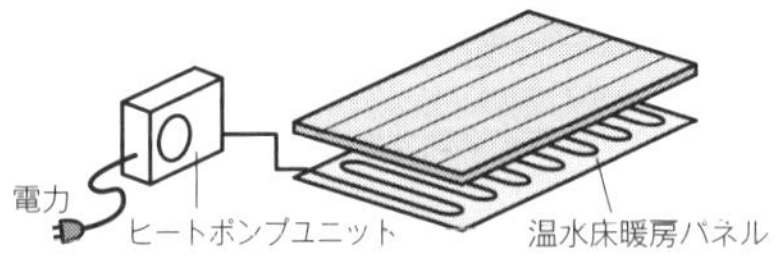

電力
ヒートポンプユニット
温水床暖房パネル

●給湯兼用型

エコキュートなどの高効率ヒートポンプ給湯器で温水をつくり、循環させる。給湯兼用の多機能タイプ。割安な夜間の電気を使用する

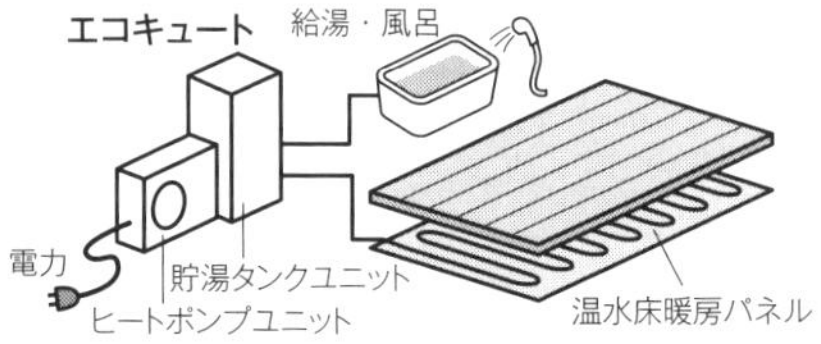

エコキュート
給湯・風呂
電力
貯湯タンクユニット
ヒートポンプユニット
温水床暖房パネル

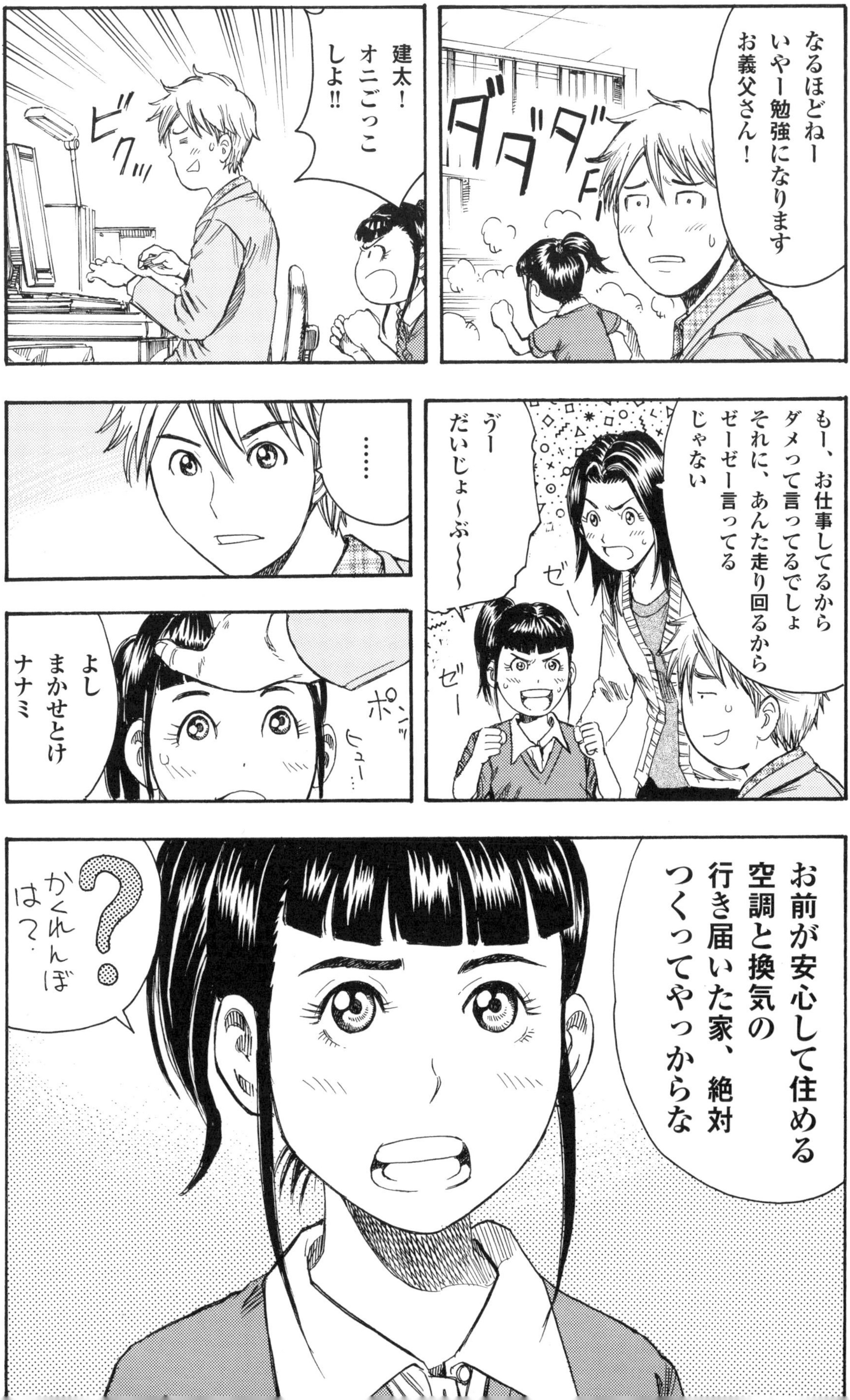
なるほどねー いやー勉強になります お義父さん！
ダダダ
建太！ オニごっこしよ!!
ビクッ
もー、お仕事してるから ダメって言ってるでしょ それに、あんた走り回るから ゼーゼー言ってる じゃない
うー だいじょ〜ぶ〜〜
ゼー
ゼー
……
よし まかせとけ ナナミ
ポンッ
ヒュー…
お前が安心して住める 空調と換気の 行き届いた家、絶対 つくってやっからな
？
かくれんぼ は？

空調図（1F）

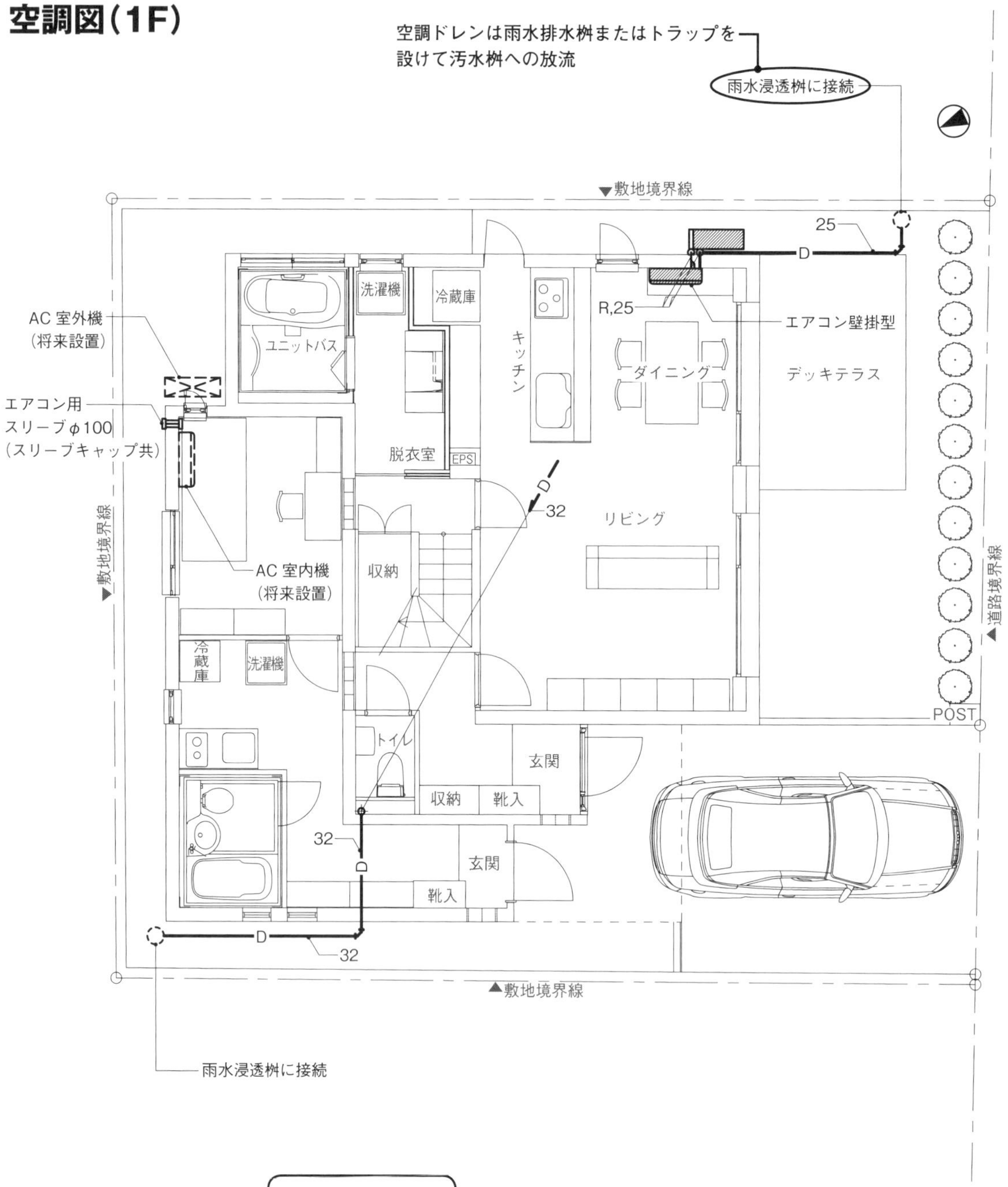

空調ドレンは雨水排水桝またはトラップを設けて汚水桝への放流
雨水浸透桝に接続
▼敷地境界線
25
D
R,25
エアコン壁掛型
洗濯機
冷蔵庫
ユニットバス
キッチン
ダイニング
デッキテラス
AC 室外機（将来設置）
エアコン用スリーブφ100（スリーブキャップ共）
脱衣室
EPS
D
32
リビング
▼敷地境界線
AC 室内機（将来設置）
収納
▲道路境界線
冷蔵庫
洗濯機
POST
トイレ
玄関
収納
靴入
32
D
玄関
靴入
D
32
▲敷地境界線
雨水浸透桝に接続

室外機と室内機はできるだけ近い位置に配置しよう
冷媒配管の距離が長くなると効率が悪くなって、工事費も割高になるんだ

空調図（2F）

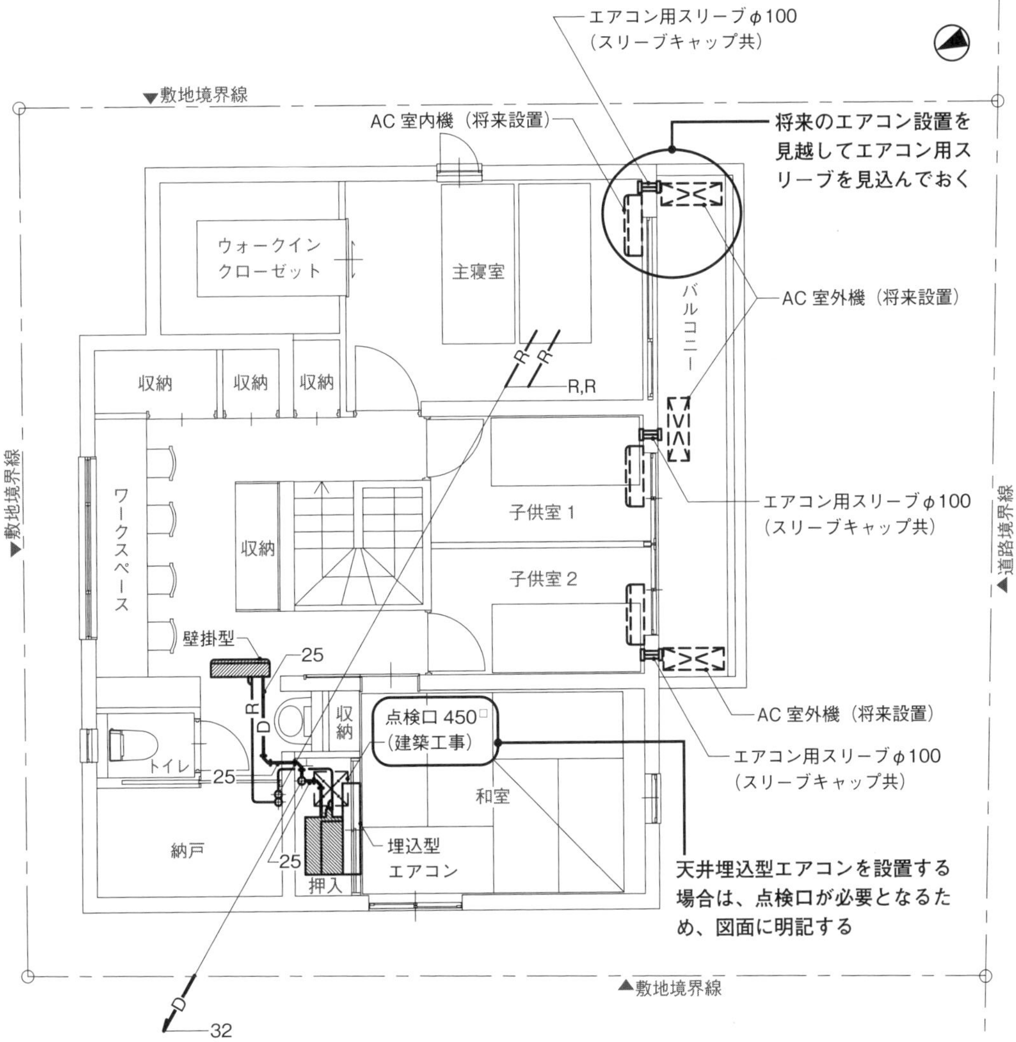

エアコン用スリーブφ100
（スリーブキャップ共）
▼敷地境界線
AC 室内機（将来設置）
将来のエアコン設置を見越してエアコン用スリーブを見込んでおく
ウォークイン
クローゼット
主寝室
バルコニー
AC 室外機（将来設置）
収納
収納
収納
R,R
ワークスペース
収納
子供室 1
エアコン用スリーブφ100
（スリーブキャップ共）
子供室 2
▼敷地境界線
▲道路境界線
壁掛型
25
収納
点検口 450□
（建築工事）
AC 室外機（将来設置）
トイレ
25
エアコン用スリーブφ100
（スリーブキャップ共）
和室
埋込型
エアコン
納戸
25
押入
天井埋込型エアコンを設置する場合は、点検口が必要となるため、図面に明記する
▲敷地境界線
32

●屋上

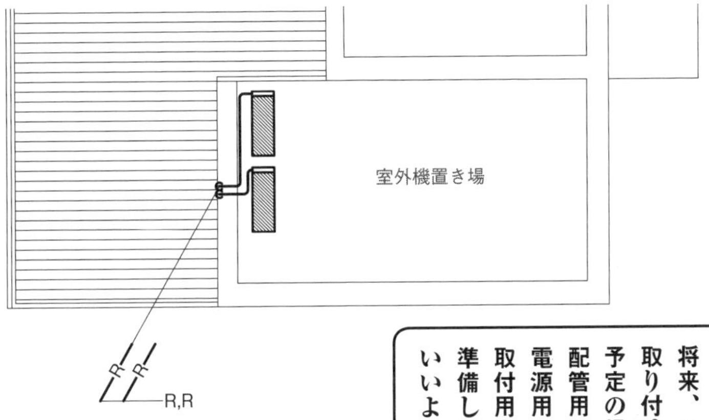

室外機置き場
R,R

将来、エアコンを取り付ける予定の場所には、配管用スリーブ、電源用コンセント、取付用金物を準備しておくといいよ

換気図(1F)

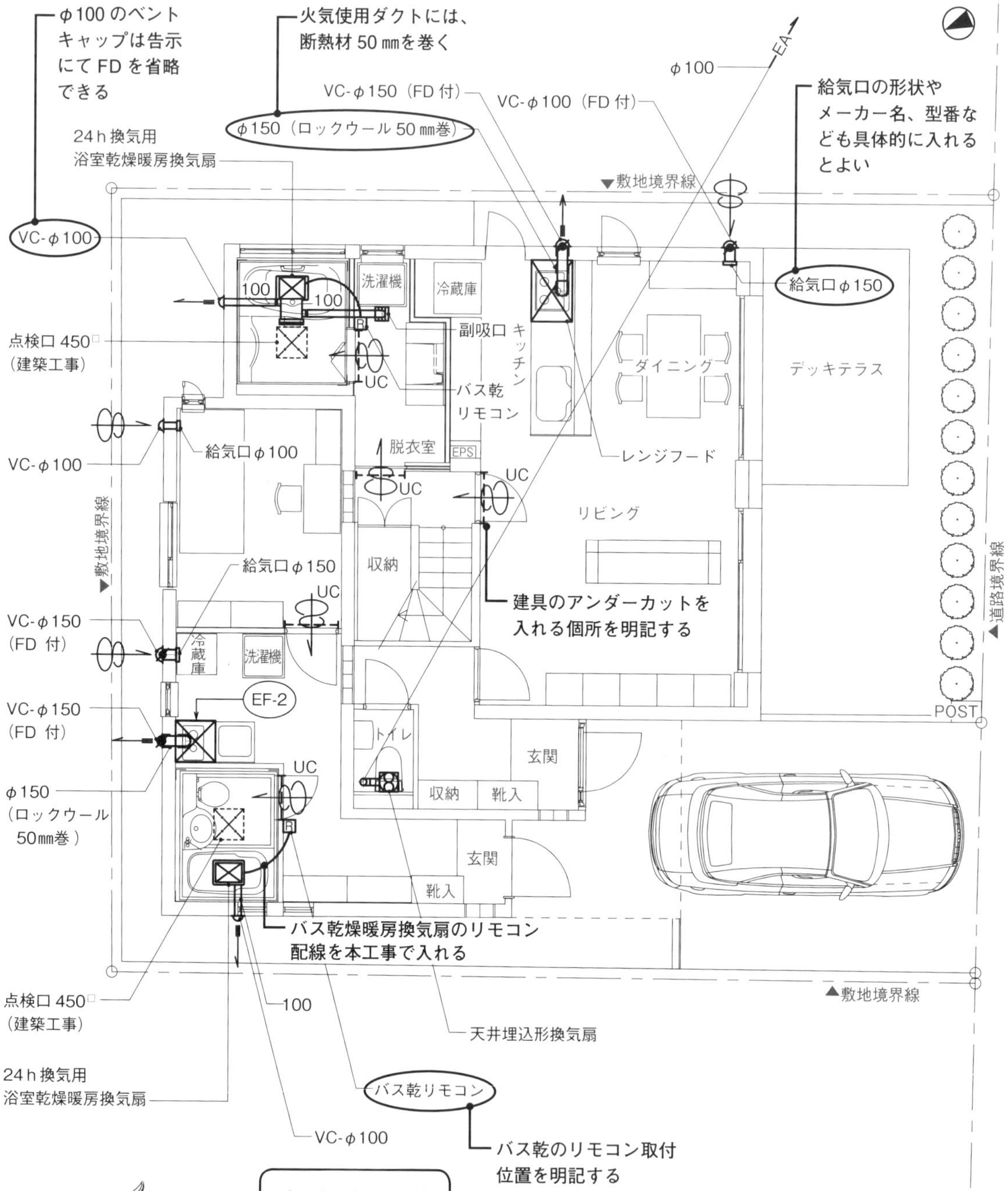

φ100のベントキャップは告示にてFDを省略できる
火気使用ダクトには、断熱材50㎜を巻く
φ100
EA
給気口の形状やメーカー名、型番なども具体的に入れるとよい
VC-φ150（FD付）
VC-φ100（FD付）
φ150（ロックウール50㎜巻）
24h換気用
浴室乾燥暖房換気扇
▼敷地境界線
VC-φ100
100
100
洗濯機
冷蔵庫
給気口φ150
副吸口
キッチン
点検口450□
（建築工事）
ダイニング
デッキテラス
UC
バス乾
リモコン
VC-φ100
給気口φ100
脱衣室
EPS
レンジフード
UC
UC
リビング
▼敷地境界線
収納
給気口φ150
UC
建具のアンダーカットを入れる個所を明記する
▲道路境界線
VC-φ150
（FD 付）
冷蔵庫
洗濯機
EF-2
VC-φ150
（FD 付）
POST
トイレ
玄関
UC
φ150
（ロックウール
50㎜巻）
収納
靴入
玄関
靴入
バス乾燥暖房換気扇のリモコン配線を本工事で入れる
▲敷地境界線
点検口450□
（建築工事）
100
天井埋込形換気扇
24h換気用
浴室乾燥暖房換気扇
バス乾リモコン
VC-φ100
バス乾のリモコン取付位置を明記する

給気口を空調機の近くに配置すれば、外気と空調機から送風される空気が攪拌《かくはん》されて快適な室内環境が実現できるよ

換気図（2F）

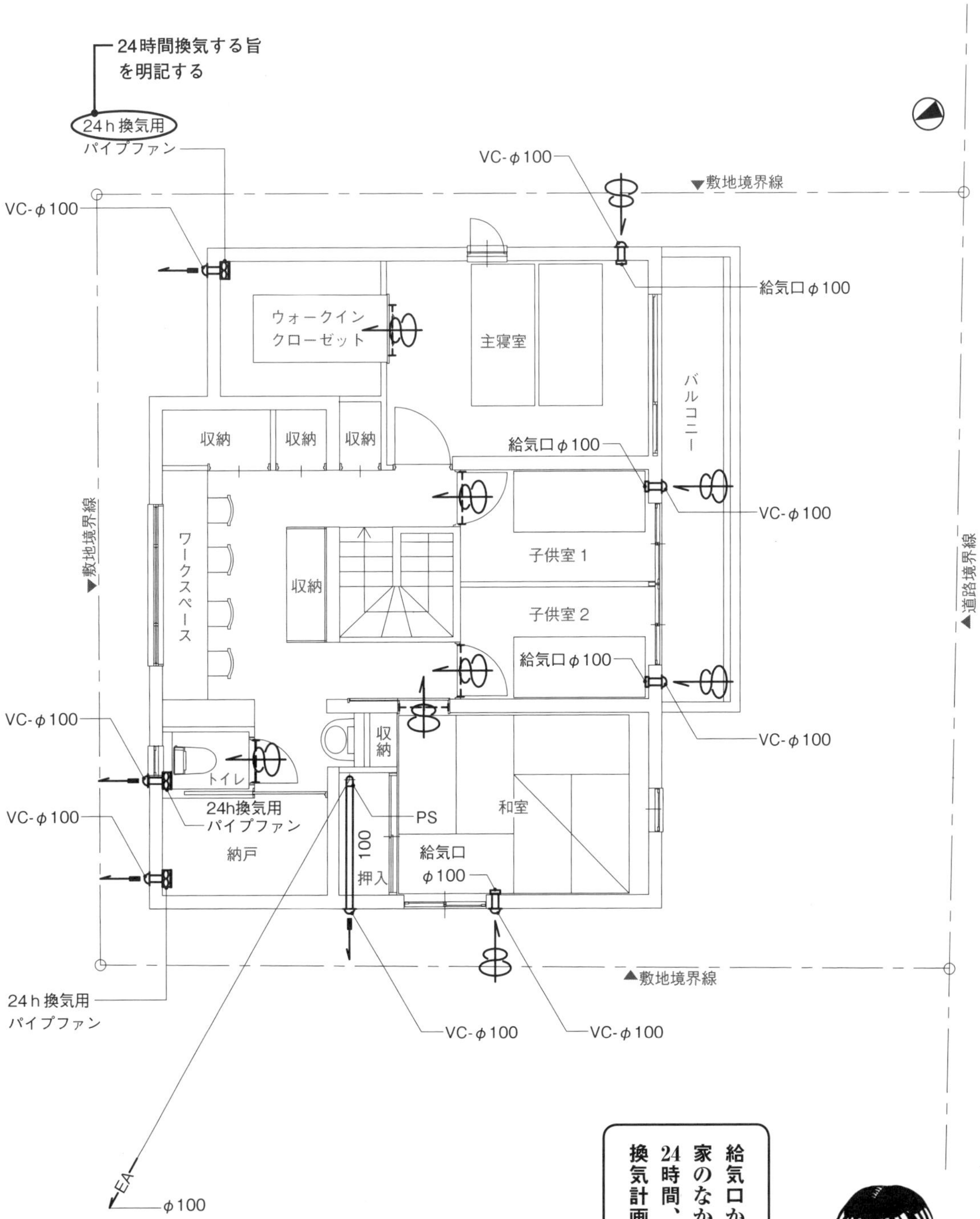

24時間換気する旨を明記する
24h換気用パイプファン
VC-φ100
VC-φ100
▼敷地境界線
給気口φ100
ウォークインクローゼット
主寝室
バルコニー
収納
収納
収納
給気口φ100
VC-φ100
▼敷地境界線
▲道路境界線
ワークスペース
収納
子供室1
子供室2
給気口φ100
VC-φ100
VC-φ100
収納
トイレ
24h換気用パイプファン
VC-φ100
PS
和室
納戸
100
押入
給気口
φ100
▲敷地境界線
24h換気用パイプファン
VC-φ100
VC-φ100
EA
φ100

給気口から新鮮な空気が
家のなか全体を経由して、
24時間、換気扇に流れていく
換気計画がベストだね

第4話 電気・通信設備の設計

大切なのは「想像力」

この世には
不思議で恐ろしい
家が存在する…
らしい…
ゴゴゴゴ
おい、建太
そのドア
開けてみろ…
え…でも
…
いいから開けろって
言ってんだろ!!
ギィ…
な…ない
どこにもない!!

この部屋の電気のスイッチは、いったいどこにあるんだ!?
ちょっとキミ！仕事場で遊ばないのっ!!
もー、熊井のおじさんも一緒になって…新人の彼に電気設備のこと教えてあげたいって言うからリフォームの調査、一緒に来るのOKしたんですよー
もー
冗談だよ
ははっそー怒るなよ舞美《まいみ》ちゃん美人が台無しだろー
…それにしても、この家電気系がことごとくヘンですよね
この部屋のスイッチなんてドアの裏にあるから、いったん入ってドアを閉めないと見つかんないし
もーそうなんよ中古で買ったんやけどほんまに住んでて不便でしゃーないんよ、この家
お茶どーぞ

玄関なんて、えらい離れたところにスイッチが付いてるから夜帰って来たら、どこにスイッチがあるかわからへんのよね
くら…
えー
どこなん？
電気…
そういう場所には「ホタルスイッチ」を使ってあげると暗くてもどこにあるかわかるんだけど…
ほかのスイッチもけっこうメチャメチャに付けてますよね
そうなんよ
トイレとか風呂とかスイッチが離れたとこにあるから、うっかり電気つけ忘れて入ったら大変なんよね
うぁ…
遠い……
TOILE
ジャー
しまった！
電気つけんの忘れたっ

電気もそうだけど どこに家具を置いて どう生活してほしいのか… この家を設計した人 何も考えてないのよねー
ほんまにねー…
まあ、今回そういう 不満も含めてリフォーム 依頼してもらったんだけど…
でも、女の人で電気設備の 仕事って珍しいですよね
え？ 何その 女なんかじゃ、こーゆー仕事務まらないん じゃねー的発言
あっ、いや、別に そういうことじゃ…
ふふっ 冗談、冗談
私、もともと設計が 主な仕事なんだけどね
まぁ 現場はよく顔出す ほうだけど
父さん…社長がエアコンの室外機 持ち上げたとき、腰やっちゃってね 家族でやってる会社だから 臨時で営業とか調査とか 私が代わりにね
舞美…休んじまったら メシ食えねーだろ あとは頼んだぞ
たいへんですねー
はー…
…それにしても キレイだよな… 舞美さんって…
んっ？

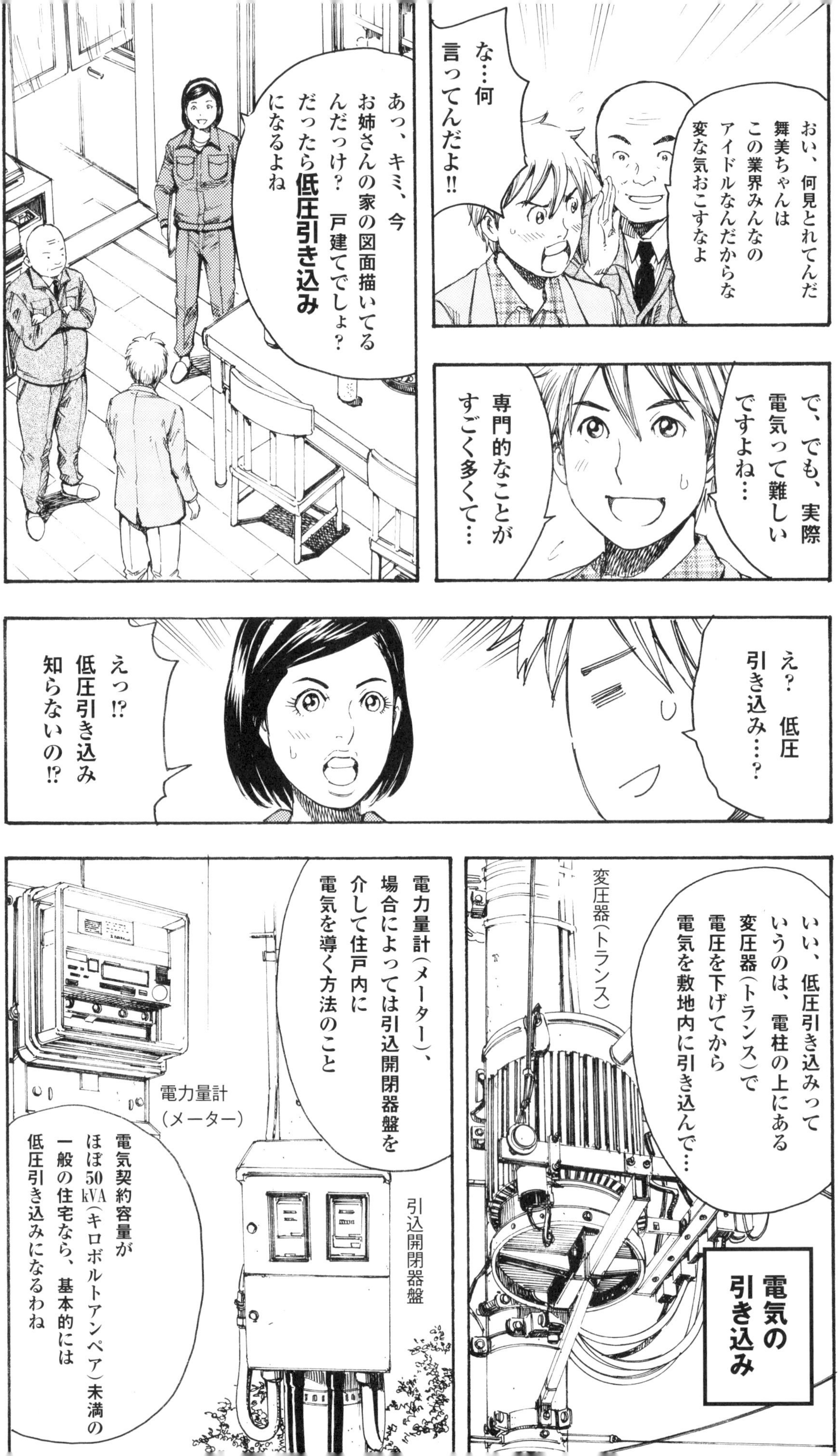
おい、何見とれてんだ 舞美ちゃんはこの業界みんなのアイドルなんだからな 変な気おこすなよ
な…何言ってんだよ!!
で、でも、実際電気って難しいですよね…
専門的なことがすごく多くて…
あっ、キミ、今お姉さんの家の図面描いてるんだっけ？ 戸建てでしょ？ だったら低圧引き込みになるよね
え？ 低圧引き込み…？
えっ!? 低圧引き込み知らないの!?
電気の引き込み
いい、低圧引き込みっていうのは、電柱の上にある変圧器（トランス）で電圧を下げてから電気を敷地内に引き込んで…
変圧器（トランス）
電力量計（メーター）、場合によっては引込開閉器盤を介して住戸内に電気を導く方法のこと
電力量計（メーター）
引込開閉器盤
電気契約容量がほぼ50kVA（キロボルトアンペア）未満の一般の住宅なら、基本的には低圧引き込みになるわね

低圧引き込みの仕組み

●建物直受け方式（架空引込み）

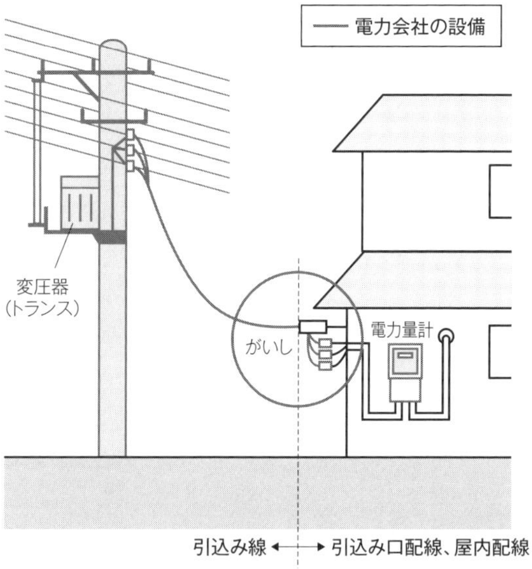

電力会社の設備
変圧器
（トランス）
がいし
電力量計
引込み線
引込み口配線、屋内配線

●引込柱方式（地中引込み）

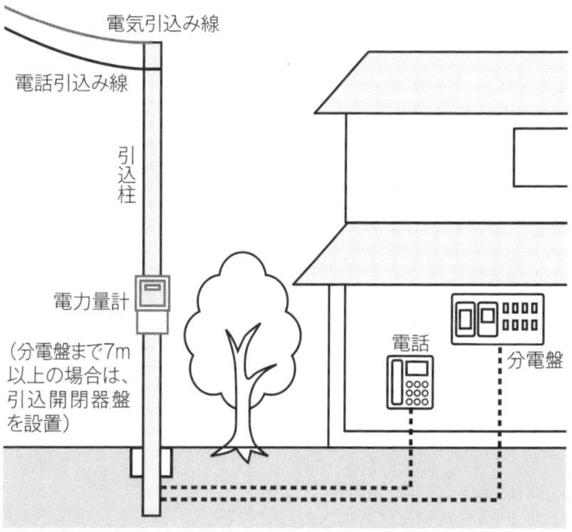

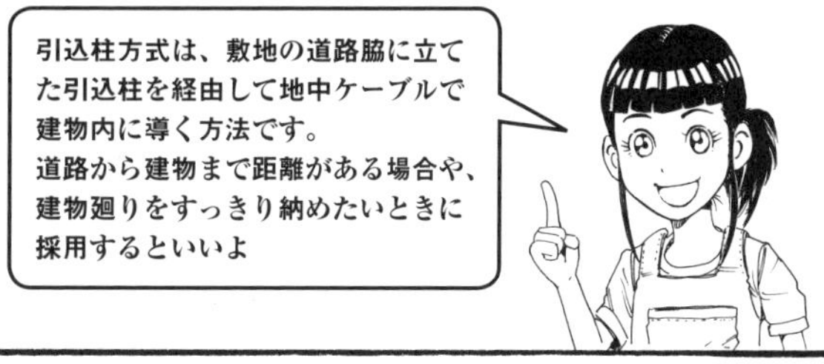

引込柱方式は、敷地の道路脇に立てた引込柱を経由して地中ケーブルで建物内に導く方法です。
道路から建物まで距離がある場合や、建物廻りをすっきり納めたいときに採用するといいよ

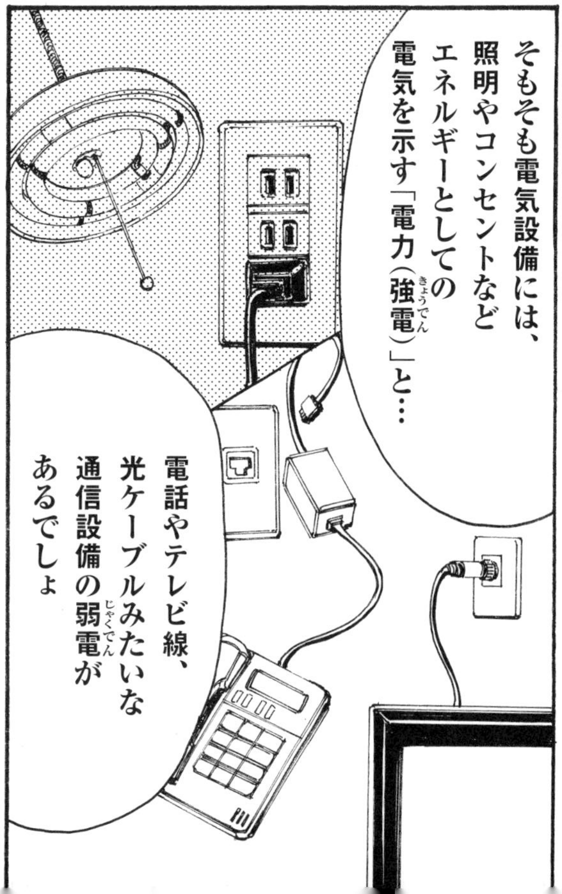

電気引込み線
電話引込み線

電力量計
（分電盤まで7m以上の場合は、引込開閉器盤を設置）
電話
分電盤

そもそも電気設備には、照明やコンセントなどエネルギーとしての電気を示す「電力（強電《きょうでん》）」と…
電話やテレビ線、光ケーブルみたいな通信設備の弱電《じゃくでん》があるでしょ

なかでも弱電（通信）設備はこのところ通信網の発達などで配線数が増える一方…

だから意匠性を優先する人は引込柱方式にして、「スッキリポール」などの既製品で建物まできれいに配線を納めるようになっているわ

へー…、そんな方法があるんだぁ〜
うーん…その様子じゃ電気を引き込んだ後の配電方式も知らなそうね…
いい、引き込んだ電気を、さらに各家電機器へ配るための配電方式は…
一般の住宅なら「単相3線式200V／100V」が主流よ覚えておいて
100Vは照明やコンセント、200Vは電力の大きなエアコンやIHクッキングヒーター、食洗機なんかに使われることが多い

単相3線式の配電方式

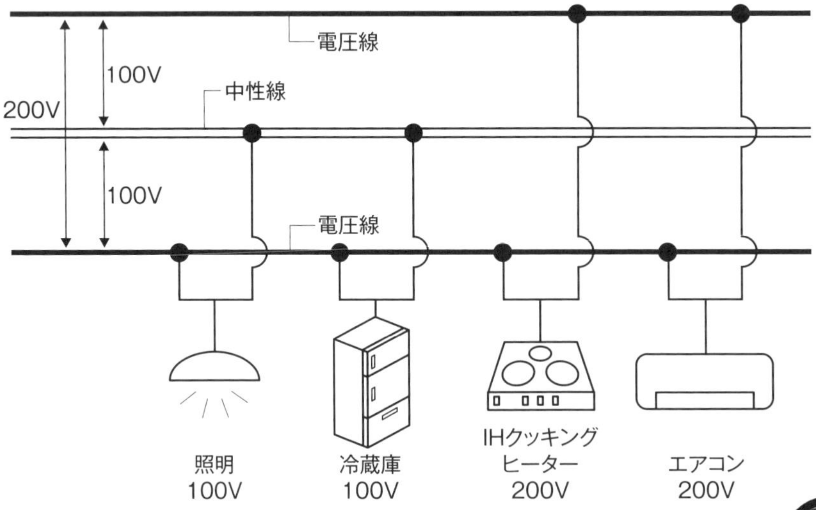
電圧線
100V
中性線
200V
100V
電圧線
照明
100V
冷蔵庫
100V
IHクッキングヒーター
200V
エアコン
200V

単相3線式の配電方式は、100Vに加え200Vも容易に取り出すことができます。パワーの大きい200Vの家電機器を使用しやすい配電方式なんです

ここみたいに築年数が古い家は、もともと設けられてる回路数が限られているから、複数の部屋で1回路を共有し合っているケースが多いの
だから、1つの回路に負荷が集中して、ブレーカーが落ちやすくなる
なるほど…
1つの回路で同時に使える電気は12～15A程度が目安
玄関側
台所
AC 110V
20A
ON
通常、配線用遮断器には20A定格のブレーカーが使われるけど…
これは定格の80％程度に負荷を抑えているからなの
ついでに言っとくと専用回路をどこに引くかも考えておかないとな
あっ、専用回路って電力の大きい機器専用の回路ってことだよね
そうそう、エアコンや食洗機、電子レンジなんかは、1つの機器だけで消費電力が1000Wを超えるから、1回路で同時に2つの機器を使えないでしょ
1000wを超える機器は、1回路に
だから、特に家電機器が集中するキッチンは、電子レンジ用に回路を1つ（単独回路）、食洗機用にもう1つ、その他の用途に1回路って具合に、複数の回路を設けておくことが望ましいの

そうそう、この家
すぐブレーカーが
落ちんのよ
おかし食べー
センセイに相談したら
分電盤のブレーカーいうのを
変えたら大丈夫やって
言いはるからホンマよかったわ
あ、おかまいなく
今まで電子レンジとか
エアコン使うてると
すぐブレーカー落ちて
めちゃめちゃ大変やったんよ
どーも
よく、ブレーカーが落ちて
困るというクレームがあるけど
その場合はまず
分電盤の回路分けが
正しくできていない
可能性を疑うべきね
電気系は、この回路分けが
すっご――く
大事なんだよ！
ふふんっ！
…やばい
かわいい…
え…
回路分け？
分電盤から各部屋へ
電気を流す配線系統のことを
回路っていうのはわかるわよね
通常は、1部屋に1回路
もしくは複数の部屋で
1回路。+《プラス》照明用回路なんかに
分かれてるんだけど…

分電盤の構成

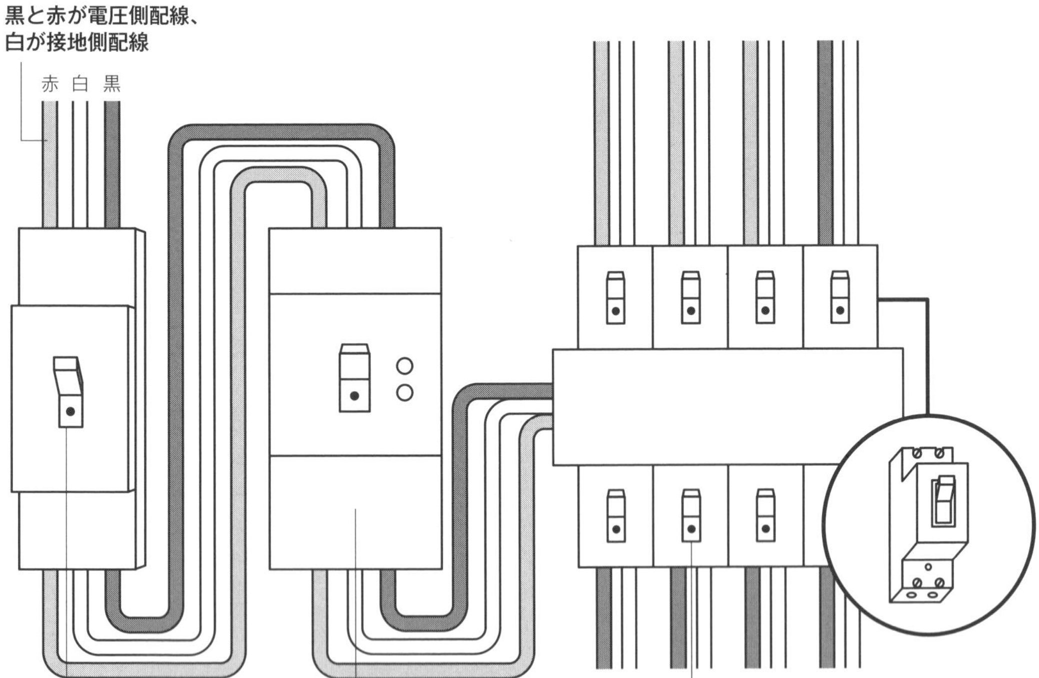
黒と赤が電圧側配線、
白が接地側配線
赤 白 黒

アンペアブレーカー
契約アンペアを超える電流が流れると自動的にスイッチが切れる

漏電遮断器（漏電ブレーカー）
万一漏電したときに、自動的に電気を遮断する安全装置。単相3線式では、中性線欠相保護機能付きを設置

配線用遮断器（回路ブレーカー）
各部屋への電気の回路を安全に保つ。異常があった場合は自動的に切れる

アンペアブレーカー

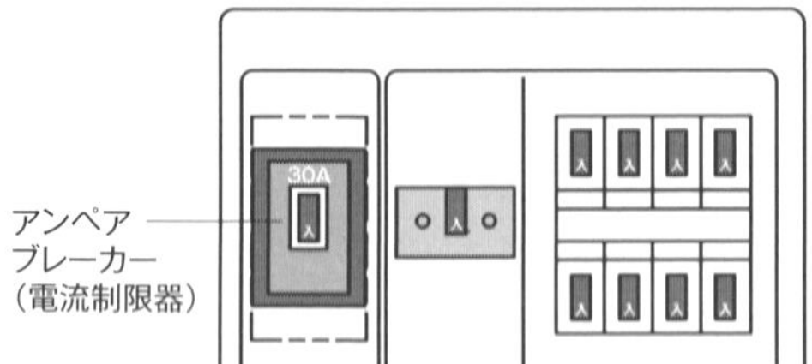
アンペア
ブレーカー
（電流制限器）
30A
入

●アンペアブレーカー（電流制限器）は、契約電流によって色分けされている

アンペアブレーカーの色	赤	桃	黄	緑	灰	茶	紫
契約電流	10A	15A	20A	30A	40A	50A	60A

今後、アンペアブレーカーはスマートメーター内に、その機能を持つため不要となる

分電盤の中にあるもの
アンペアブレーカーだ
電力会社の所有物である
40A
入
電力会社と契約する際の
容量、基本料金は
アンペアブレーカーの
種類で決まる

でも、昔の家だと方式が古い「単2式」のままだったりする
それだと、最近の200Vが必要な機器が使えないから単相3線式に交換しなくちゃならないのよ
最近の家電機器は性能の向上とともに必要な電圧も上がっているからなその手の確認も事前調査では重要になる
なるほど……
もう1つ、古い家に最近の家電機器を導入する際重要なことがあるんだけど何だかわかる？
え？ 重要…えーと…家電機器だから…え～
ブー、時間切れ！正解は…
分電盤！
え？分電盤って、あの？
分電盤と回路数

回路図(1F)

家具や家電機器の置き場を設定し、コンセントを配置する。アースが必要な機器にはアース付きコンセントを採用する。一般コンセントは5～7カ所程度で1回路とし、容量が大きい機器は単独回路とする

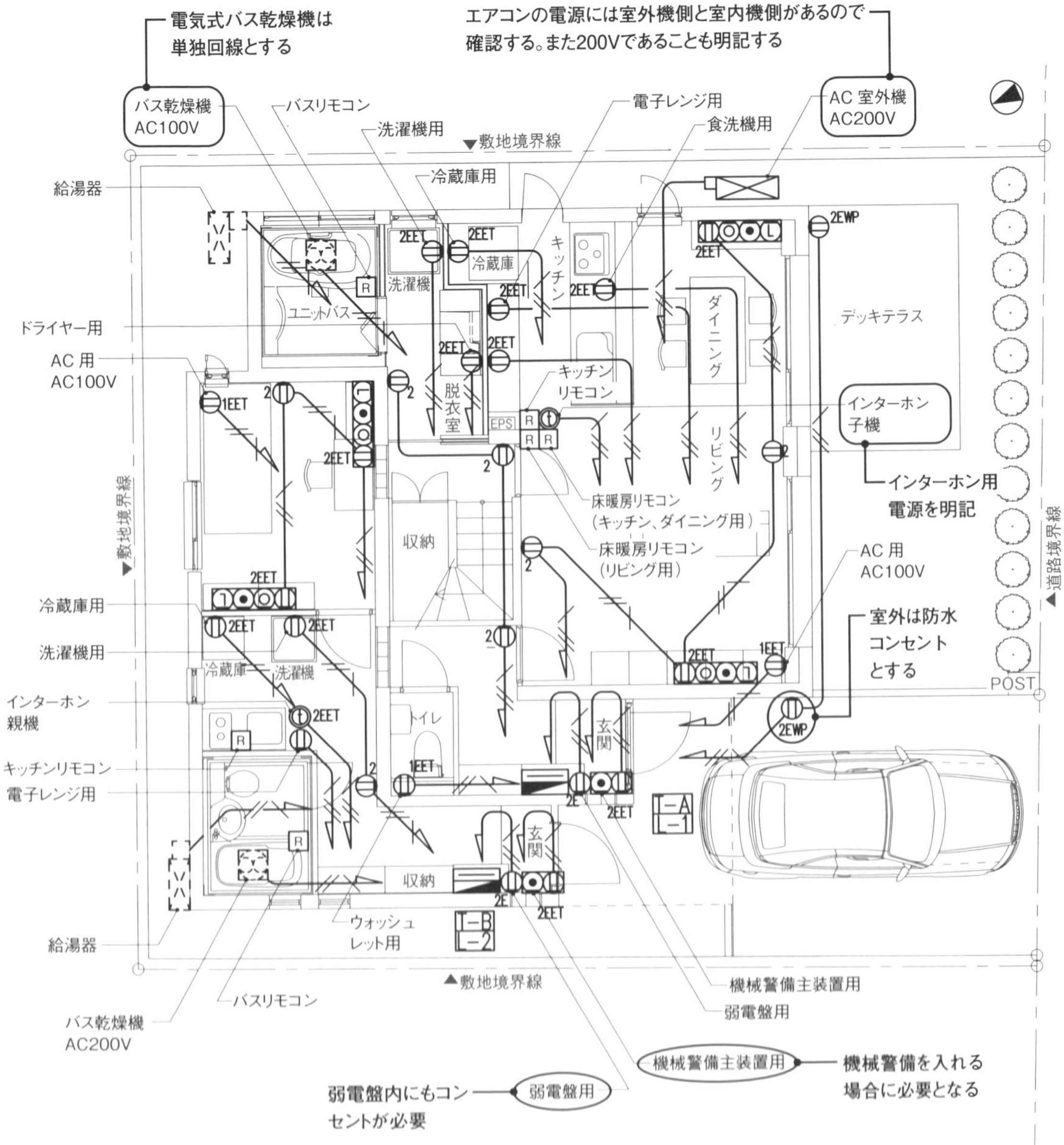

凡例

――――	IV2.0×2 (PF16)
―///――	IV2.0×2 E2.0(PF16)
2	ダブルコンセント
1EET	アースターミナル付接地コンセント
2EET	アースターミナル付接地ダブルコンセント
2EWP	接地防水ダブルコンセント

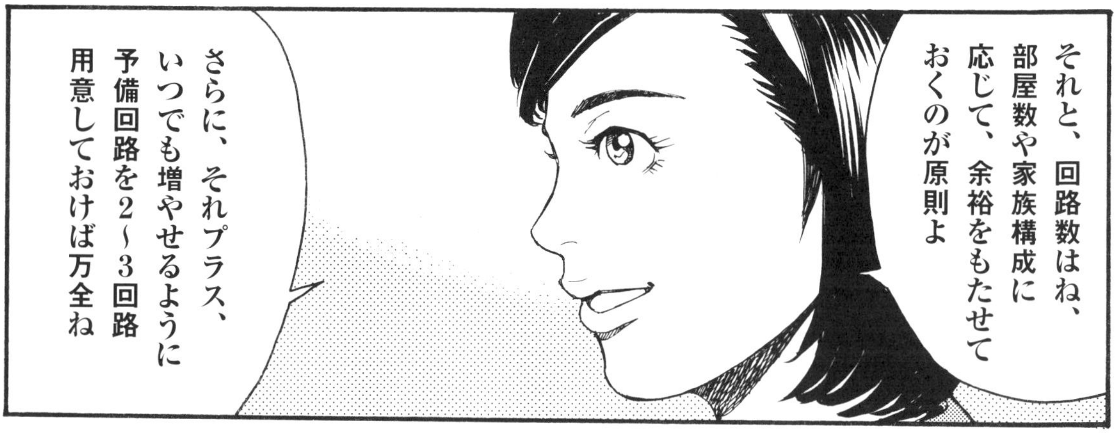

分電盤の回路数の目安

住宅面積［㎡］	一般回路			専用回路	合計
	コンセント回路		照明回路		
	キッチン	キッチン以外			
50（15坪）以下	2	2	1	α	5+α
70（20坪）以下	2	3	2	α	7+α
100（30坪）以下	2	4	2	α	8+α
130（40坪）以下	2	5	3	α	10+α
170（50坪）以下	2	7	4	α	13+α

さて、ここで問題です 分電盤はどこに 設置するのが 正しいでしょうか？
え？ 場所… 玄関とか、廊下の角とか… あれ？ 風呂の脱衣所でも 見るような…、えーと…
ブブー 時間切れー 正解はというと ですねー
「ブレーカーが落ちたときに わかりやすく、かつ操作の しやすい場所」 これが正解でしたー
テヘヘ…
えー、そんな ことっすかー
でも、それって すっごく大事な ことよ
教科書的には 水気や湿気が少なくて ブレーカーを操作しやすい 1800ミリ以下の高さって ことになるけど…
いざってとき、 すぐに操作 できなきゃ 意味ないでしょ
た… たしかに…
最近だと、 デザインに配慮して 分電盤を収納棚などに 組み込んで、外から 目立たなくすることが 多いんだけど…
注意したいのは、 住む人が分電盤の前に 物を置かないよう 工夫しておくってことね できるだけ、分電盤を手前に 取り付けるとかね

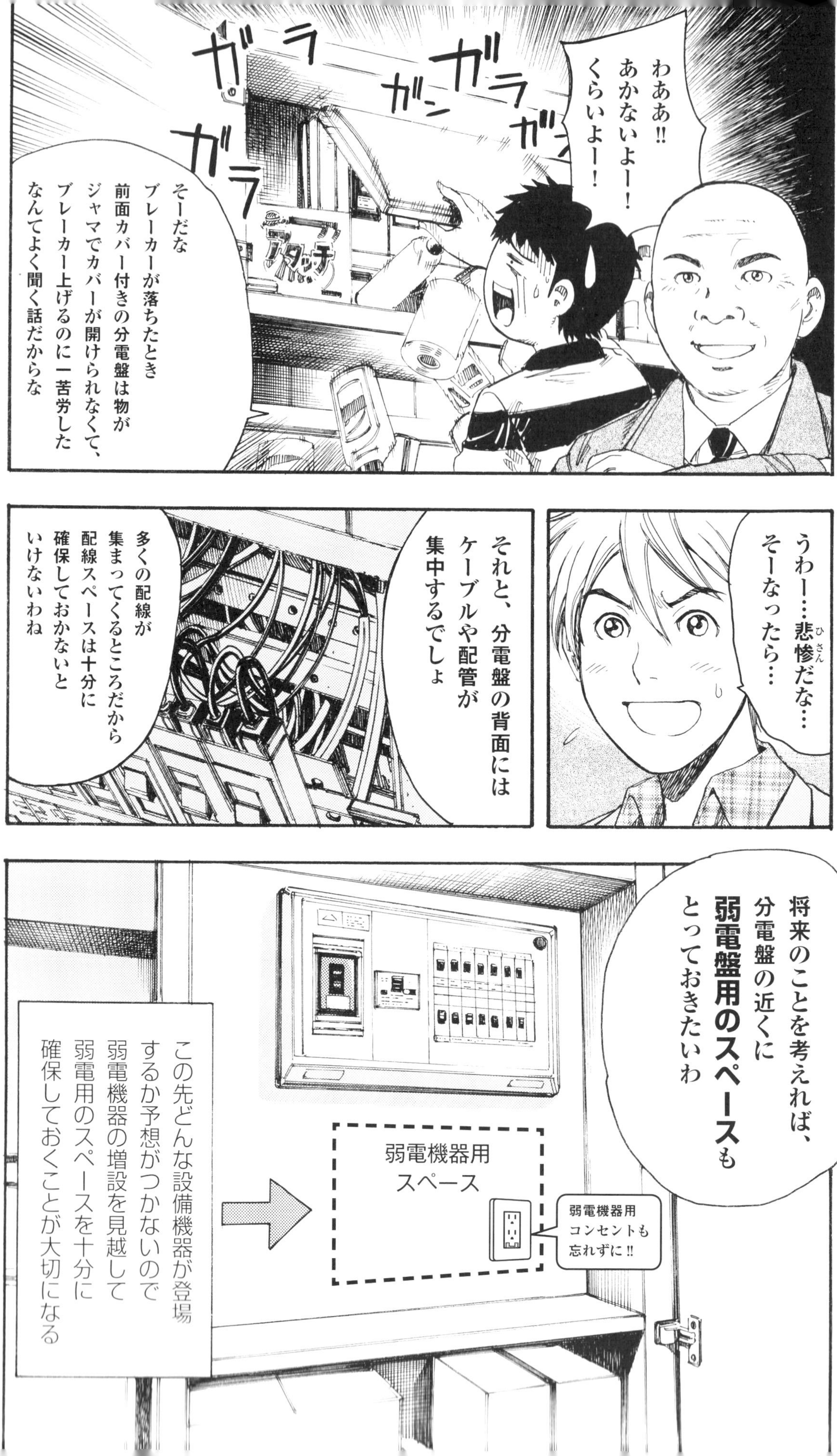
ガラ
ガラ
ガン
ガラ
わああ!! あかないよー! くらいよー!
そーだな ブレーカーが落ちたとき 前面カバー付きの分電盤は物が ジャマでカバーが開けられなくて、 ブレーカー上げるのに一苦労した なんてよく聞く話だからな
うわー…悲惨《ひさん》だな… そーなったら…
それと、分電盤の背面には ケーブルや配管が 集中するでしょ
多くの配線が 集まってくるところだから 配線スペースは十分に 確保しておかないと いけないわね
将来のことを考えれば、 分電盤の近くに 弱電盤用のスペースも とっておきたいわ
この先どんな設備機器が登場 するか予想がつかないので 弱電機器の増設を見越して 弱電用のスペースを十分に 確保しておくことが大切になる
弱電機器用 スペース
弱電機器用 コンセントも 忘れずに!!

分電盤の設置に必要なスペース

●正面

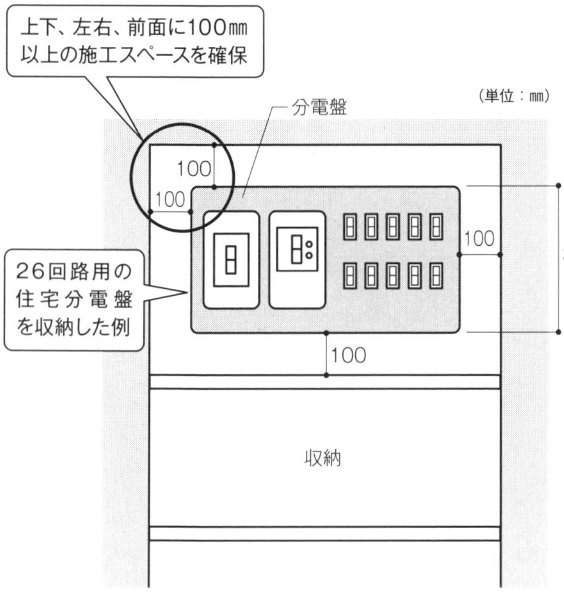

●立断面

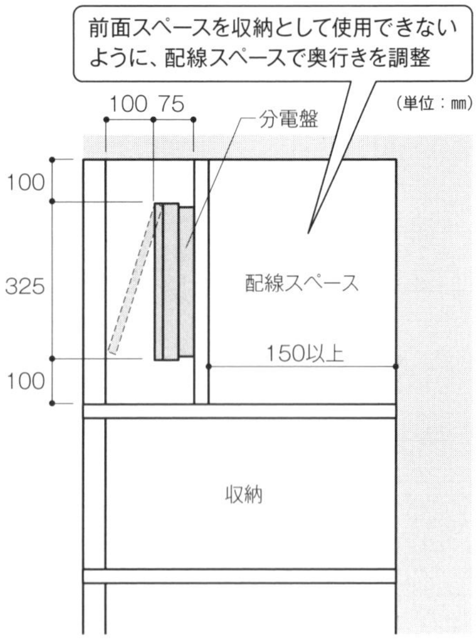

分電盤の回路数と幅寸法の目安

回路数	幅寸法［㎜］
6以下	416
7〜10	450
11〜16	484
17〜20	518
21〜24	552

それにしても青春やねー
思い出すわ、私の若いころは…
ぎゃー!
あっ…
お…
お父さん!?
おー
舞美
おい、安部ちゃん
腰はいいのかよ
ええ
いつまでも娘に
任せておくわけにも
いきませんからね
ど…どーも…
ギロッ
はうっ!!
気ぃーつけろよ、建太
安部ちゃん
娘のかわいがりっぷりが
ハンパじゃねーからな
何人痛い目を見たことか…
こ…こわい
顔が…

ふん、あのダンディー気取りの設計屋の息子が来てると聞いて心配で飛んで来たが、なんだ、ただのガキじゃないですか
プル
プル
プル
プル
おい、無理すんな安部ちゃん
ところで奥さん、ひととおり見せてもらいましたが、この家、コンセントの位置もヘンですね
うん そーなんよ
ほら、ここ、本当は大きな家具を置きたかったのにコンセントがあるから置かれへんかったし…
コンセントとスイッチ
キッチンも冷蔵庫置き場らしきところはあるんやけど、コンセントの位置が遠いから延長コード使わなあかんし…
コードがめっちゃジャマなんよね…
なんか、全部のコンセントがビミョーに、かゆいところに手が届かないとこにあんのよね
ふー…
たしかにコンセントの位置ってホントに大切なのよ
……
家具の配置なんてコンセントの場所ありきってところもあるじゃない

だから、プランを検討するときは住む人の生活をイメージしてコンセントの用途をできるだけ具体的に確認しておく必要がある
さっきも言ったけど一般用コンセントは１回路５～７個が目安で容量は１２００～１５００Ｗ程度
消費電力の大きい家電機器を使用するときは、コンセントはすべて専用回路にするこれは大原則！
そっか…どこに専用回路をつくるとか、家電をどこに置くかとか…
あらかじめ生活がイメージできていないとコンセントの配置もできないですもんね
おいおい、キミ建築士だろ？そんなことも考えずに図面引こうと思ってたのかい？
うっ
ちょっとお父さん
まあ、参考までにアドバイスしておくと…
キッチンや洗面脱衣室には暖房器具を設置する可能性があるから、最初から予備の専用コンセントを１カ所ずつ設けておくといい

コンセント設置数の目安

回路容量	キッチン	ダイニング	居室・リビング				トイレ	玄関	洗面室	廊下
			7.5~10㎡ (4.5~6畳)	10~13㎡ (6~8畳)	13~17㎡ (8~10畳)	17~20㎡ (10~13畳)				
100V	6	4	3	4	5	6	2	1	2	1
200V	1	1	1	1	1	1	—	—	1	—

アースターミナル付き接地コンセント

●接地コンセント(100V)　●接地極付きコンセント(200V)

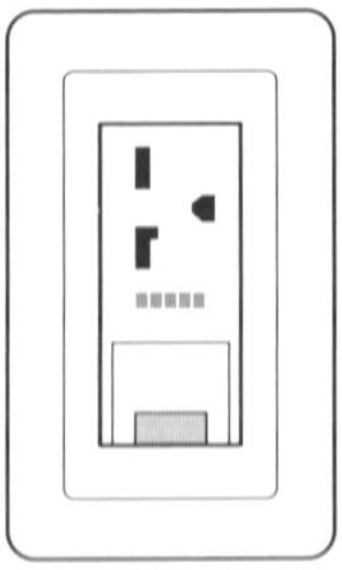

100V用と200V用コンセントは誤使用を避けるため、差込口の形状が異なる

2005年に改訂された「内線規程」により住宅用の配線器具は接地付き(アース付き)のコンセントの敷設が強化されました。
今後、家電機器用のコンセントを予定している場所は、接地コンセントまたはアースターミナル付き接地コンセントを採用しておく必要があります

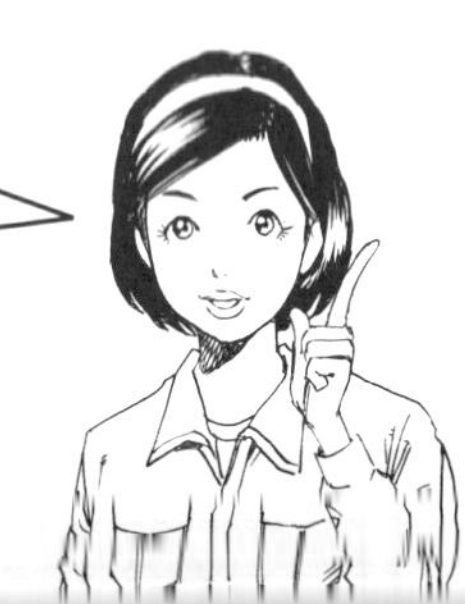

コンセントの高さの目安

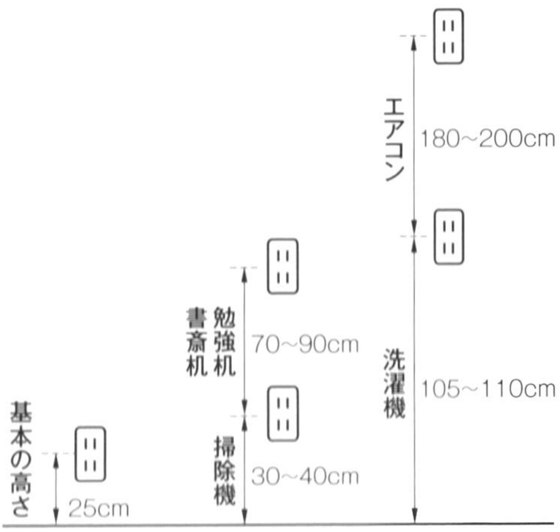

- コンセントの高さは、床面から25㎝程度が基本
- 使用機器が一定の場合は、操作しやすい場所に設ける
- しゃがみながらの作業が困難な高齢者には、高めの設置も検討する

コンセントだけじゃないぞ　スイッチも同じだ　無計画に配置すると　家電製品が使いにくい、家具が置けないなどの　不都合が出てしまう
特にスイッチの場合は　種類や機能、設置個所なども　考えておかないと…
そっか…　スイッチには　いろんな種類が　ありますもんね
そのとおり！　スイッチは　大きく分けて　機能と使いやすさで　選ばれる「手動スイッチ」
消し忘れ防止だけでなく、省エネにも有効な「タイマースイッチ」
人や周囲の明るさを　感知して自動点滅する「センサースイッチ」の　3種類がある
手動スイッチのなかでも、暗くても位置がひと目でわかる　ホタルスイッチは　玄関や階段に使うと有効だ
消灯時にランプが点灯
点灯時にランプが点滅して　スイッチが入っていることが　ひと目でわかるオンピカスイッチは、換気扇や屋外灯に　使ってやるといい
点灯時に点滅
換気扇　ついてるよねっ・　あっ、スイッチ見れば　分かるか！

タイマースイッチは
風呂なんかに使ってやると
消し忘れが防止できていい
連続
切
20分
40
60
80
100
同じ仲間の遅れスイッチは
スイッチを切った後に
しばらくして切れるタイプだから
トイレの照明と換気扇が連動した
ものに使うと、臭気を換気した後、
自動停止してくれて都合がいい
パッ
センサースイッチは
寝室や廊下に付けるほか、
玄関やポーチなどに
付ければ防犯にもつながる
ビクッ
ひっ!
照明のスイッチは
毎日、頻繁に使うものだから
建て主の年齢や
ライフスタイルなどに
合わせて…
へー
あらゆる角度から
検討して、
最適なものを
選ばないとな

スイッチの種類

●手動スイッチ

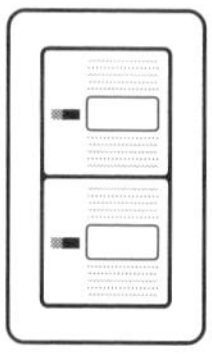

パイロット・ホタル ダブルスイッチ

点灯を赤、消灯を緑のランプで知らせ、消し忘れが防げる

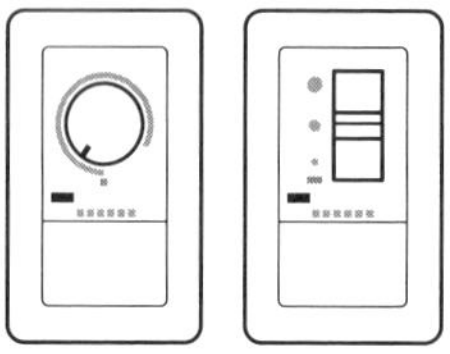

ダイヤル式　スライド式

調光スイッチ

寝室などで照明の明るさを変えたいときに便利。省エネ対策にもなる

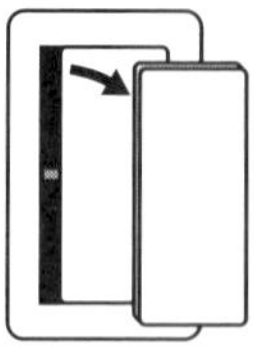

リモコン式スイッチ

スイッチからリモコンが取り外しできるので、就寝時などに寝たまま操作できる

プルスイッチ付き 押ボタンスイッチ

お年寄りの体調が急変したときなど、座ったままでも家族に連絡しやすい

にぎり 押ボタンスイッチ

お年寄りなどがベッドに寝たままで、家族に連絡できる

●タイマースイッチ

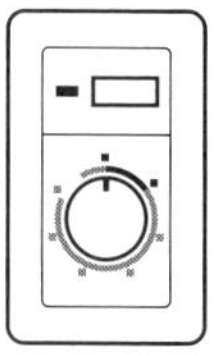

浴室換気スイッチ

入浴後に湿気を排出し、使用の数時間後に電源が切れる

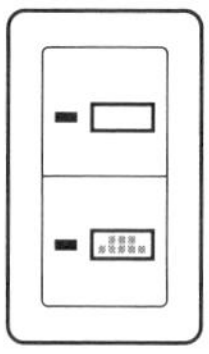

トイレ用 換気スイッチ

使用後の臭気を換気し、数分後に自動停止する

●センサースイッチ

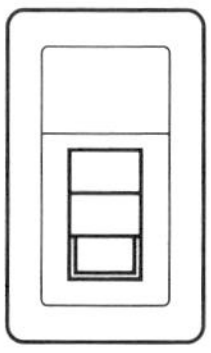

玄関、廊下、階段などで人の動きを感知すると照明が点灯する

種類		用途	機能
タイマー付き	遅れ消灯付き	寝室・トイレ	5分後に消灯。消し忘れを防止する。 トイレ用は、換気扇と連動させ、同時にON。スイッチOFF時は換気扇のみ遅れて停止
明かり付き	ホーム保安灯	廊下（人感センサー付き） 寝室（明るさセンサー付き）	人感センサー付きは人の動きでON・OFF、明るさセンサー付きは暗くなるとON、明るくなるとOFF、停電時は自動で点灯
	明かり付きスイッチ（ホタルスイッチ）	玄関・廊下・階段	暗いところでも目立つ明かり付きスイッチ。照明をつけなくても短時間であれば移動可能
自動点滅	時間設定調光スイッチ（白熱灯用）	廊下	設定した時間帯で、調光して点灯・遅れ消灯する機能付き。調光して使用すると消費電力を削減できるだけでなく、ランプの寿命も延びる
	照度センサー付き人感センサー	廊下・クロゼット・トイレ 外玄関（屋外用）	人の動きでON・OFF。照度センサー付きなので、明るいところではOFF。壁付きと天井埋込用がある
手動スイッチ	タッチワイドスイッチ	各部屋	押しやすい。操作が簡単
	3路・4路スイッチ	階段・廊下・リビング	2カ所または3カ所で点滅操作が可能
	調光スイッチ	リビング・寝室	白熱灯用の場合は、ランプの寿命が延びる。蛍光灯は、調光用器具の場合に適用可能。トイレで使用する場合は、深夜利用の際の覚醒を抑止できる。浴室で外の景色を見たい場合にも使用できる
リモコンスイッチ	点滅・調光リモコン	リビング・ダイニング・寝室	座ったまま、寝たままで点滅・調光操作が可能
	シーン記憶調光器	リビング・ダイニング	行為に応じて明るさと照明器具を組み合わせ、生活シーンを演出

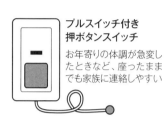

はー、そっか…やっぱり電気設備って奥が深いんですね
フ、当然だ
ムリすんなよ……
ふふっ…でも、私、思うんだ電気設備に一番大切なことってやっぱり想像力じゃないかって
さっきも言ったけどそこに住む人がどういう生活を送るかをどれくらい想像できるかが暮らしやすさを左右するの
…想像力…ですか
キッチンなんて、一回も立ったことない人がテキトーに設計したんだろうなぁって家結構あるからね
なんでこのキッチンこんなに使いにくいの?なんでここにコンセントないの?ってちょっと考えればわかるじゃない?
でも、意外とそういうの考えて設計してないこと多いのよ
ちょっと想像してみるだけでいいのそうすれば、この家みたいな不思議な電気系統には絶対ならないから
スッ

ドキッ
トン
だってさ
自分がたずさわった家の人には、気持ちよく暮らしてほしいじゃない
は…はい
ポンッ
お兄ちゃん
恋愛は障害が大きければ大きいほど盛り上がるんやで
ほう、想像力か
安部ちゃんの娘もいっぱしのこと言うようになったじゃないか

あそこの娘さんすごくキレイになっててビックリしますよね
でも、オヤジがかわいがりすぎて男っ気がないって奥さんがなげいてたよ
と、ところでオヤジ…衛星放送ってどうやって見るんだ？
ん？何だ、急に
私さー、今、衛星放送でやってる海外ドラマにハマってんのよねー
バイオニックジェミーとか
い、いや、別に…
テレビの受信
最近のテレビって見る方法がいろいろありすぎて、正直よくわかんないんだよなぁー
まぁな…それは打ち合わせでもよくあがっている話だどこと契約すれば、何が見られていくらかかるとか
で？
ん？
あれ？ケータイどこいったかな
…オヤジもあんまわかってね～んじゃね～のか…
どーも
そりゃー、衛星放送だけでもいろいろな方法で見ることができるからねっ自分で専用のアンテナを立てて見ることもできるしさ
あっ、優一さんそーゆーのに詳しいんですか？
ハハハ
まーね、ボク、映画とかスポーツ見るの好きだから一時期、そういう番組のこと調べまくってたんだよね
…また来たのか…

今テレビ放送を見るなら
UHFアンテナを立てて見る
地上デジタル、衛星放送
（110°CS、CS、BS）
ケーブルや光ケーブルを家に
引き込んで見る有線放送が
一般的でしょ
放送の手段が限られている
地域もあるけど
とりあえず見たい番組を
優先して、それが見られる
放送手段を探すのが
いいんじゃないかな

テレビ共聴の種別

種別		要点
地上波	UHF（13~62ch）	2011年7月24日に一部地域を除きデジタル放送に完全移行
衛星放送	BS	NHKBS1、NHKBSプレミアム、WOWOW、ハイビジョンch、NHK、BS日テレ、BS-TBS、BS-FUJI、BS朝日など
	110°CS	e2byスカパー 110°CS（約70ch）
	CS	CSスカパー（約290ch）
有線放送	ケーブルテレビ（CATV）	全国各地域のCATV会社
	光ケーブル	スカパー 光（約280ch）、ひかりTV

アンテナ設置の方向

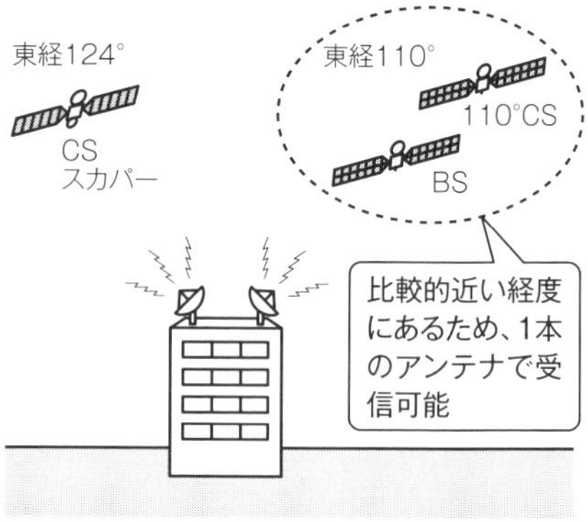
東経124°
CS
スカパー
東経110°
110°CS
BS
比較的近い経度にあるため、1本のアンテナで受信可能

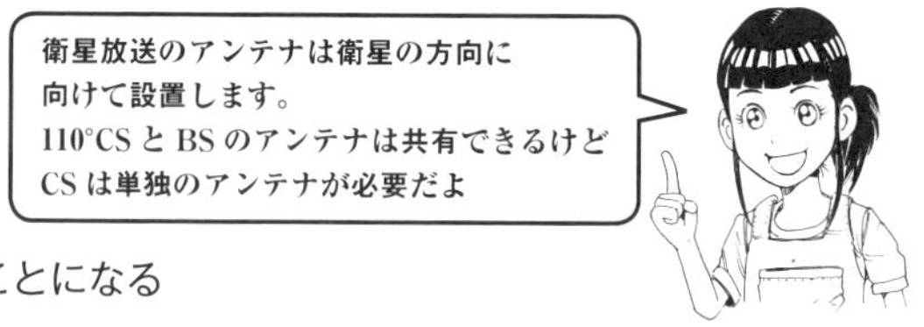
衛星放送のアンテナは衛星の方向に向けて設置します。
110°CSとBSのアンテナは共有できるけどCSは単独のアンテナが必要だよ

テレビ視聴方法の比較

テレビを見るためには以下の3つの方法から選択することになる

視聴方法	アンテナ受信（地デジ）	CATV（ケーブルテレビ）	ひかりTV（光ケーブル）
構成	屋上にUHFアンテナを設置および110°CS、BSアンテナを設置	ケーブル会社の配線を引き込む	NTTより光ケーブル配線を引き込む 注）エリアによっては供給できない
基本視聴	地上波デジタル CSデジタル BSデジタル	地上波デジタル CSデジタル BSデジタル ほか多チャンネル	地上波デジタル CSデジタル BSデジタル ほか多チャンネル
追加視聴	不可	多チャンネル （別途有料チャンネル）	多チャンネル （別途有料チャンネル）
初期費用（工事費）	約20万円	約5万円 ※CATV会社によって多少異なる	約5万円
基本料金（NET含）	0円/月 有料チャンネルは別途費用が必要	約5,000円/月 ※CATV会社によって多少異なる	約7,000円/月
インターネット対応	なし （別途インターネット契約が必要）	オプションで対応可能	オプションで対応可能

ケーブルTV、光TVにはさまざまな割引きサービスがあるので、よく精査して選択するとよい

LAN（Local Area Network）とは、複数のパソコンやプリンタなどの機器を接続するためのネットワークの略称で、LANを住宅内で構築することを「宅内LAN」と言います

宅内LANを構築する方法はさまざまですが、基本的には弱電盤内の光ケーブル引き込み位置からLANにつなぐ機器を設置する部屋までモデムとルーター、ハブを通してLANケーブルを配線していきます

モデム：コンピュータの信号と電話回線の信号を相互に変換する装置

ルーター：複数のLANを接続する装置

ハブ：LANで使われる集線装置

便利なPLC方式

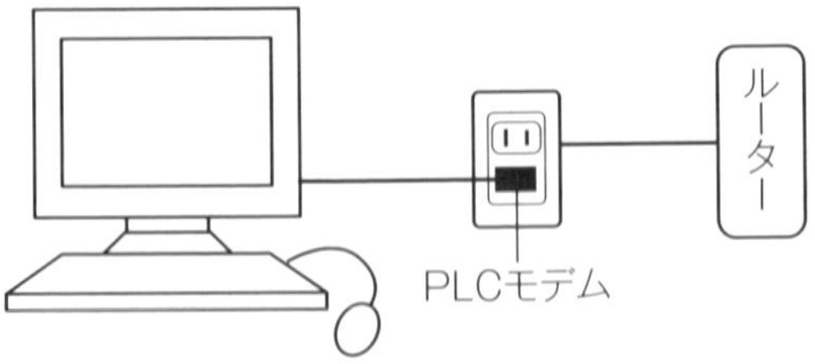

電源のコンセントを通じてデータ通信を行う通信技術。電波が届かなかったり通信速度が遅くなったりなどの問題が発生しにくい。無線LAN同様、セキュリティには注意が必要

接続方法には、有線・無線LANのほか、電力線をLANケーブルとして利用するPLC方式（電力線通信）もあります

これはPLCモデムを電気コンセントに差し込むだけなので手軽に利用できるんです

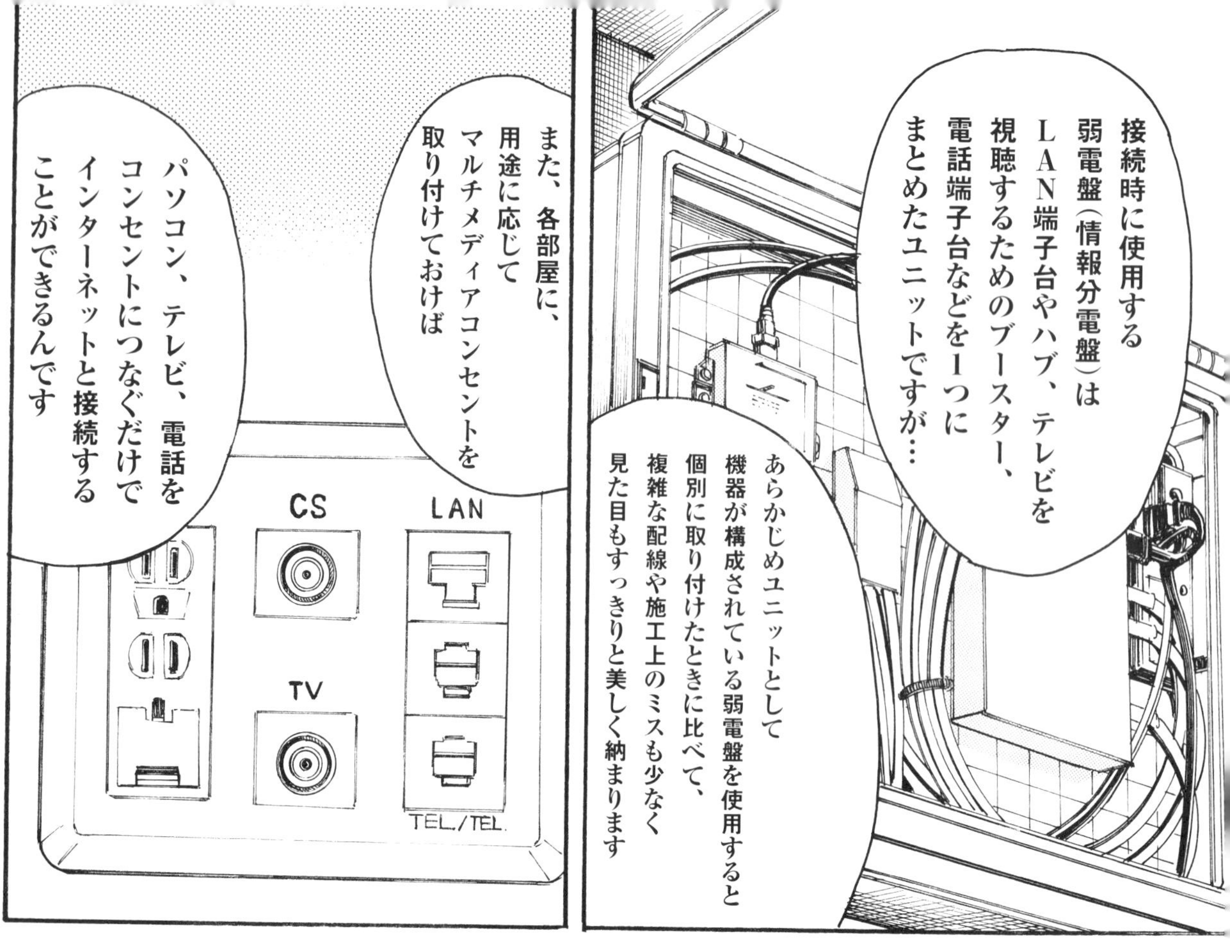
接続時に使用する
弱電盤（情報分電盤）は
LAN端子台やハブ、テレビを
視聴するためのブースター、
電話端子台などを1つに
まとめたユニットですが…
あらかじめユニットとして
機器が構成されている弱電盤を使用すると
個別に取り付けたときに比べて、
複雑な配線や施工上のミスも少なく
見た目もすっきりと美しく納まります
また、各部屋に、
用途に応じて
マルチメディアコンセントを
取り付けておけば
パソコン、テレビ、電話を
コンセントにつなぐだけで
インターネットと接続する
ことができるんです
CS
LAN
TV
TEL./TEL.

弱電盤の仕組み

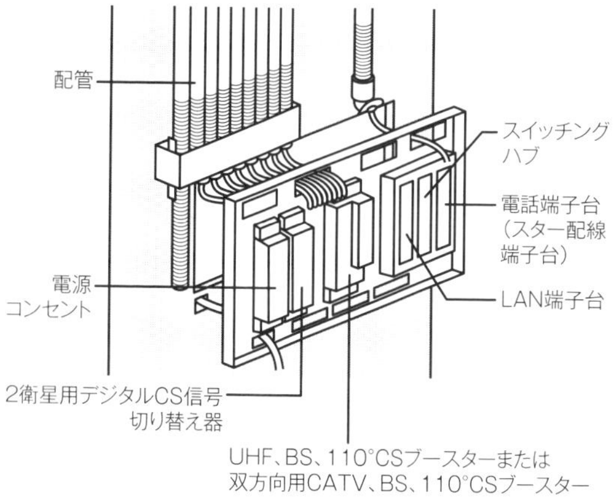
配管
スイッチング
ハブ
電話端子台
（スター配線
端子台）
電源
コンセント
LAN端子台
2衛星用デジタルCS信号
切り替え器
UHF、BS、110°CSブースターまたは
双方向用CATV、BS、110°CSブースター

マルチメディアコンセント

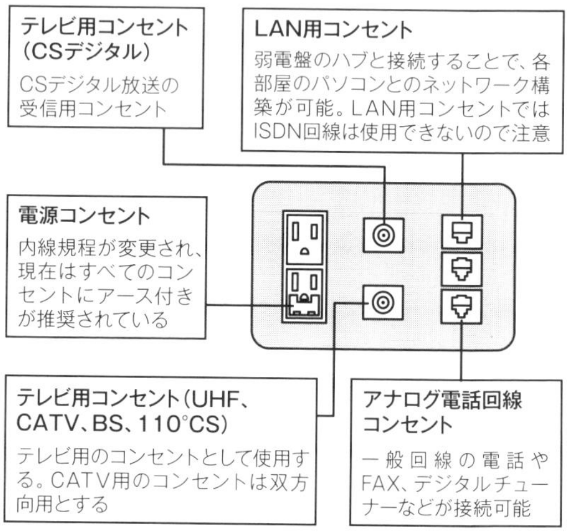
テレビ用コンセント
（CSデジタル）
CSデジタル放送の
受信用コンセント
LAN用コンセント
弱電盤のハブと接続することで、各部屋のパソコンとのネットワーク構築が可能。LAN用コンセントではISDN回線は使用できないので注意
電源コンセント
内線規程が変更され、現在はすべてのコンセントにアース付きが推奨されている
テレビ用コンセント（UHF、CATV、BS、110°CS）
テレビ用のコンセントとして使用する。CATV用のコンセントは双方向用とする
アナログ電話回線
コンセント
一般回線の電話やFAX、デジタルチューナーなどが接続可能

マルチメディアコンセントは
デジタル社会の必需品ですね！

宅内LANの仕組み

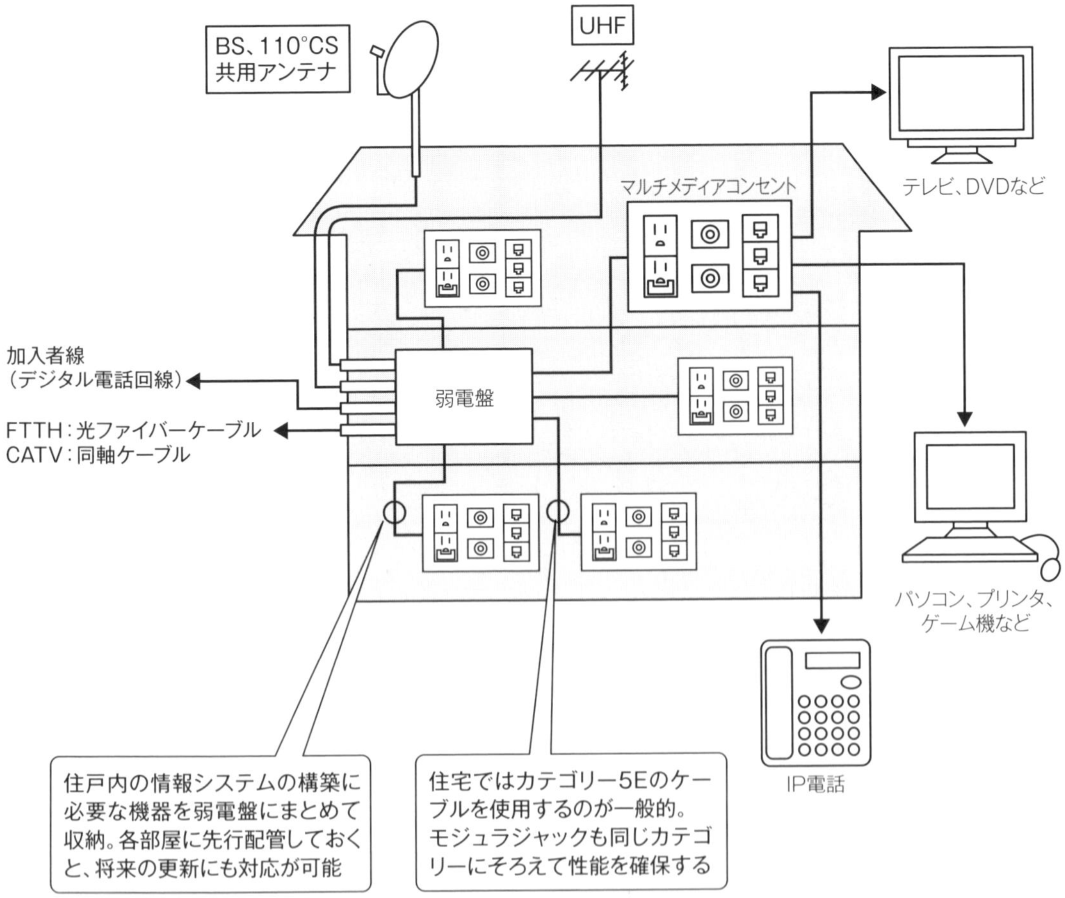

BS、110°CS
共用アンテナ
UHF
マルチメディアコンセント
テレビ、DVDなど
加入者線
（デジタル電話回線）
弱電盤
FTTH：光ファイバーケーブル
CATV：同軸ケーブル
パソコン、プリンタ、ゲーム機など
IP電話
住戸内の情報システムの構築に必要な機器を弱電盤にまとめて収納。各部屋に先行配管しておくと、将来の更新にも対応が可能
住宅ではカテゴリー5Eのケーブルを使用するのが一般的。モジュラジャックも同じカテゴリーにそろえて性能を確保する

ここ何年かで弱電を使う機器が急速に増えたからな
増設を見越して、弱電盤のスペースは別に確保しておきたいな

舞美さんも同じこと言ってたな…

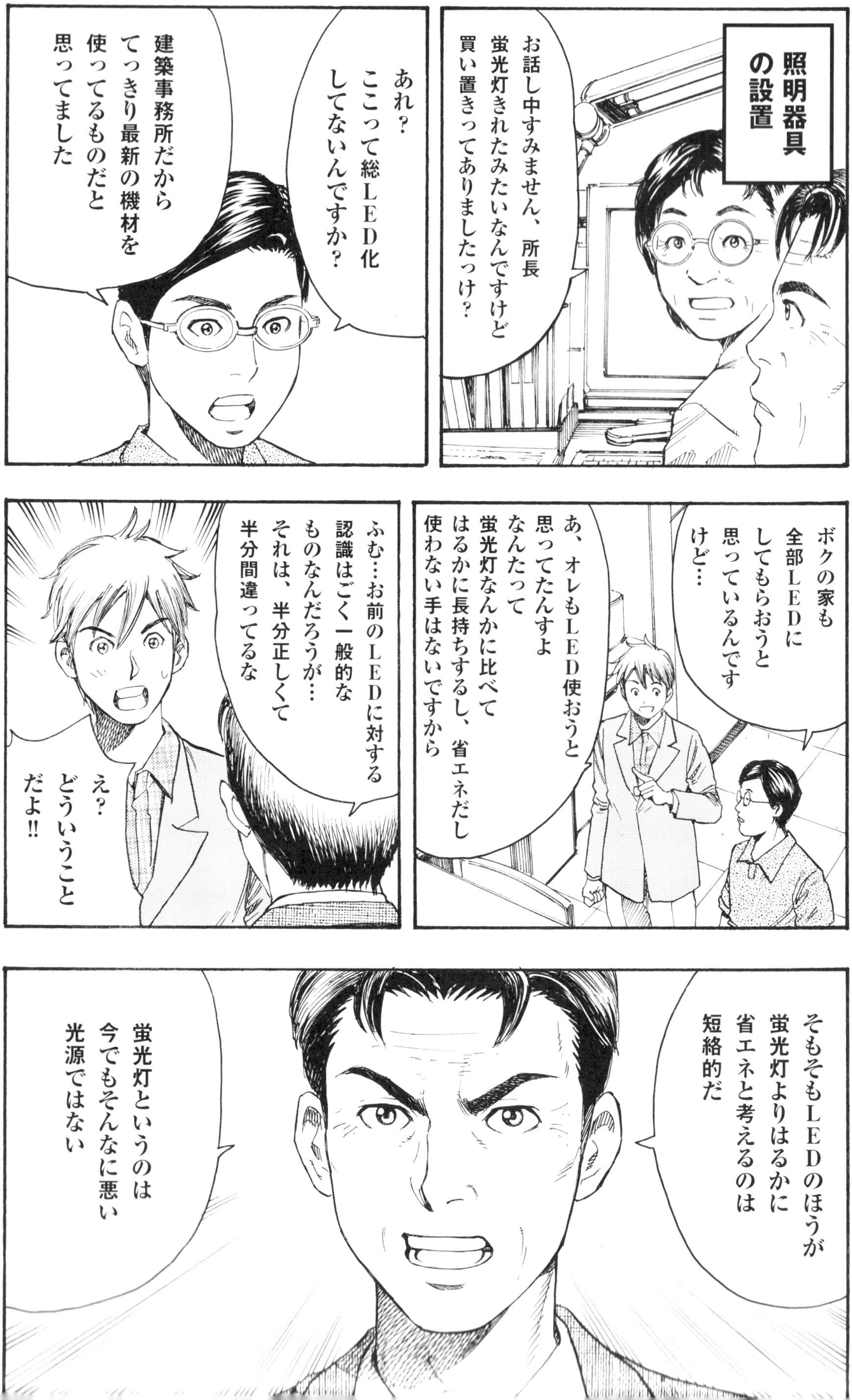
照明器具の設置
お話し中すみません、所長 蛍光灯きれたみたいなんですけど 買い置きってありましたっけ？
あれ？ ここって総LED化してないんですか？
建築事務所だから てっきり最新の機材を使ってるものだと思ってました
ボクの家も全部LEDにしてもらおうと思っているんですけど…
あ、オレもLED使おうと思ってたんすよ なんたって蛍光灯なんかに比べてはるかに長持ちするし、省エネだし使わない手はないですから
ふむ…お前のLEDに対する認識はごく一般的なものなんだろうが…それは、半分正しくて半分間違ってるな
え？ どういうことだよ!!
そもそもLEDのほうが蛍光灯よりはるかに省エネと考えるのは短絡的だ
蛍光灯というのは今でもそんなに悪い光源ではない

一般家庭のレベルで比べると、蛍光灯とLEDの消費電力はほとんど差がないと言っていいだろう
え!! そーなの!?
それに、LEDの寿命は半永久的と思っているかもしれないが現状では約10年を目安に光度が落ちて寿命を迎えるといわれている
もちろん、品質や使い方によってそれまでにきれてしまうものも当然ある
そ…そうなんですね…全然知りませんでした…
しかし、確かに、LEDの進化や器具の普及には、目まぐるしいものがあるけれど、まだ器具のバリエーションも限られていて、高価なものもある
はーそっか…
寿命はたしかにLEDのほうがだんぜん長いが決して蛍光灯の寿命が短いというわけじゃない
そして、今でも白熱球の光は温かみがあって好きという人も少なくない

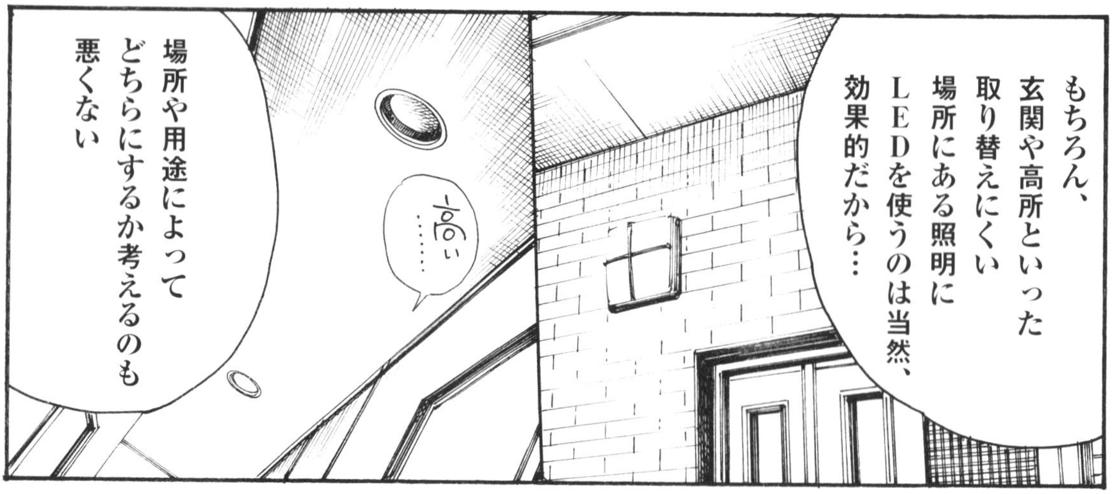

同じ明るさに対するワット数と照明効率（lm/W）の比較

白熱灯	蛍光灯	LED灯
40W（11 lm/W）	9W（60 lm/W）	7W（80 lm/W）
60W（12 lm/W）	13W（60 lm/W）	9W（90 lm/W）
42W（14 lm/W）	27W（65 lm/W）	—

（　）内はlm/W（ルーメン/ワット）の数値

●lm/W（ルーメン / ワット）とは

光源から出る可視光線の量（光束）はlm（ルーメン）という単位で表されます。

lm/W は、消費電力 1W あたり、どれくらいの量の光が出るのかを表す効率の単位で、数値が高いほど省エネになります。lm/W は、照明器具の経済性を考える一つの目安になります。

…なんだ、あいつ急にやる気を出して
あーたぶん安部さんの娘さんに言われたあれが原因じゃないですかね
今度、図面見せてよ電気系でわかんないことあったら、私がいくらでも教えてあげるから
はい…
建太さん意外に年上が好きですからねー
ほー、建太くんもすみにおけないですねー どーします？ その娘さんと結婚なんてことになったら
いやー、でもそれは安部さんがだまってないですよねー
いやー、まあ…いいっちゃーいいんだけど…
安部ちゃんの娘が男っ気ないの安部ちゃんだけのせいじゃないからな…

ちょっとあんたー！何なのよ、これー!!
……
住宅用火災警報器がどこにも描いてないじゃない!!
設置が義務化されてることも知らないの!!
ヒック
やり直しよ、やり直し！
す、すみません…
舞美さん…何でそんな酒グセ悪いの…

住宅用火災警報器の取付位置

●天井に設置する場合

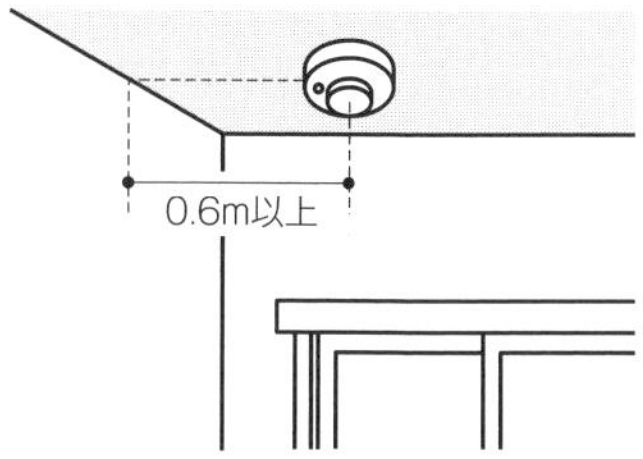
0.6m以上

警報器の中心を壁から
0.6m以上離す

※ 熱を感知するものは0.4m以上離す

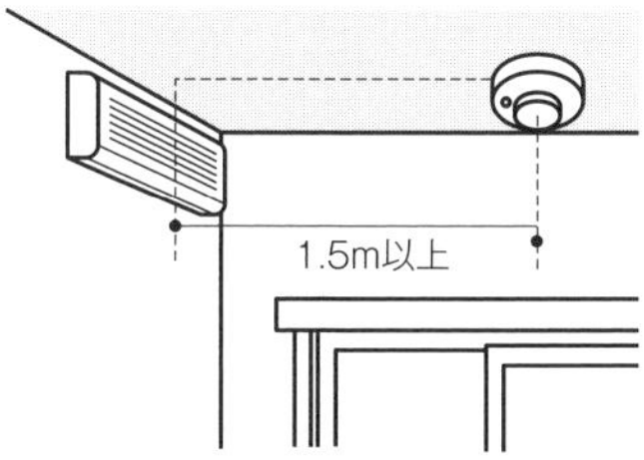
1.5m以上

エアコンなどの吹出し口がある場合は、
吹出し口から1.5m以上離す

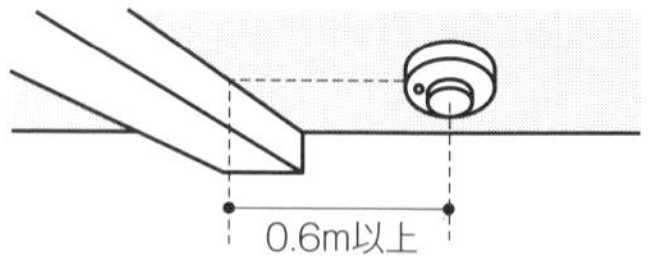
0.6m以上

0.6m以上出っ張っている梁などがある場合は、梁から0.6m以上離す

※ 熱を感知するものは、0.4m以上出っ張っている梁などから0.4m以上離す

●壁に設置する場合

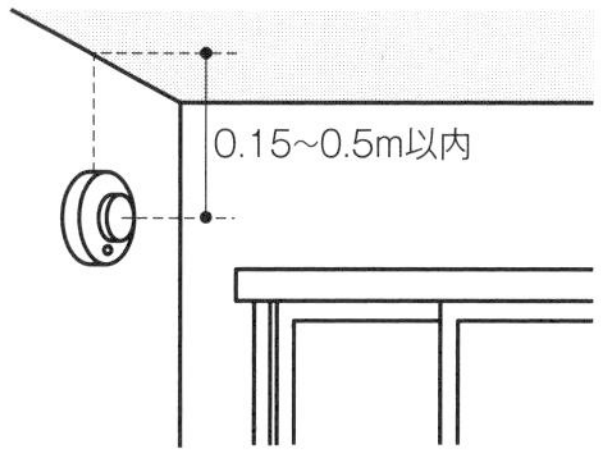
0.15~0.5m以内

警報器の中心が天井から0.15~0.5m
以内の位置に取り付ける

設置する部屋

❶ 寝室

普段の就寝に使われる部屋に設置する。
子供室や老人室なども、就寝に使われている場合は対象となる

❷ 階段

寝室がある階(屋外に避難できる出口がある階を除く)の階段最上部に設置する

❸ 3階建て以上の場合

上記❶❷のほか、

①寝室がある階から、2つ下の階の階段(屋外に設置された階段を除く)に設置する(当該階段の上階の階に住宅用火災警報器が設置されている場合を除く)

②寝室が避難階(1F)にしかない場合は、居室がある最上階の階段に設置する

●2階建て

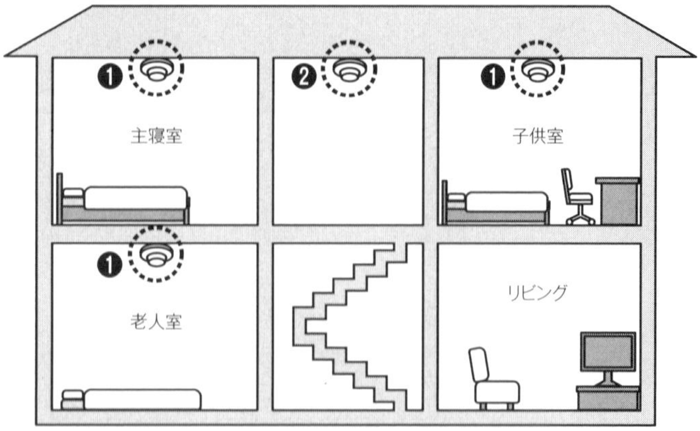
❶
主寝室
❷
❶
子供室
❶
老人室
リビング

●3階建て

主寝室
子供室
就寝に使用しない居室
階段
就寝に使用しない居室
就寝に使用しない居室
❸-①
階段
就寝に使用しない居室

各市町村の条例により、
別途設置場所が決められて
いるので、詳細は所轄の
消防署へ問い合わせてほしい

電灯図(1F)

照明計画をもとに、動線上の適切な位置に、使い勝手のよいスイッチを配置。照明器具は、姿図とランプの種類、ワット数を決めて記載する。換気扇の電源とスイッチも電灯図に記載するとよい

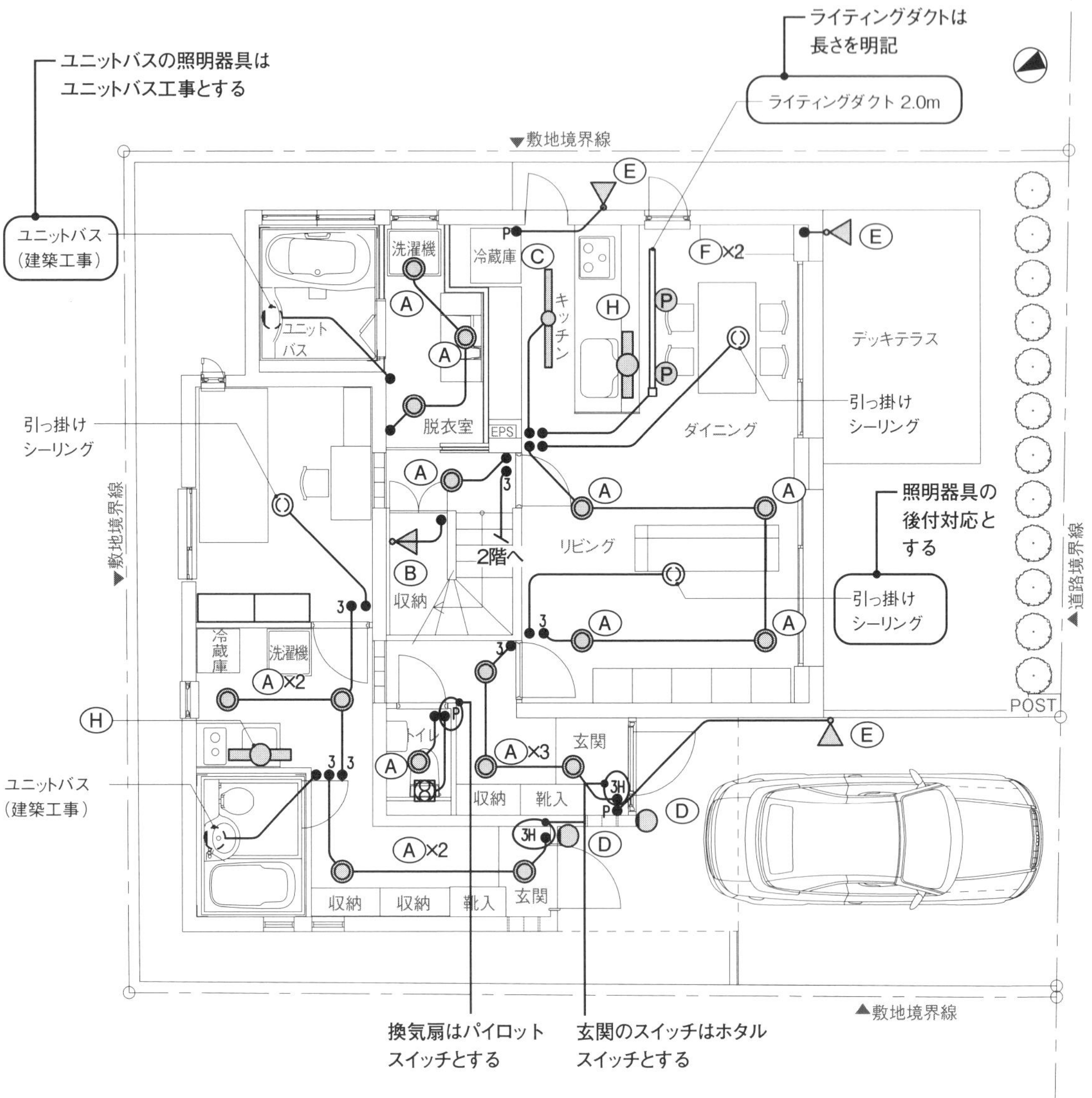

Ⓕ
ペンダントライト

Ⓖ
ブラケットライト

Ⓗ
キッチンライト

Ⓘ
直付形蛍光灯

Ⓙ
スポットライト

電灯図(2F)

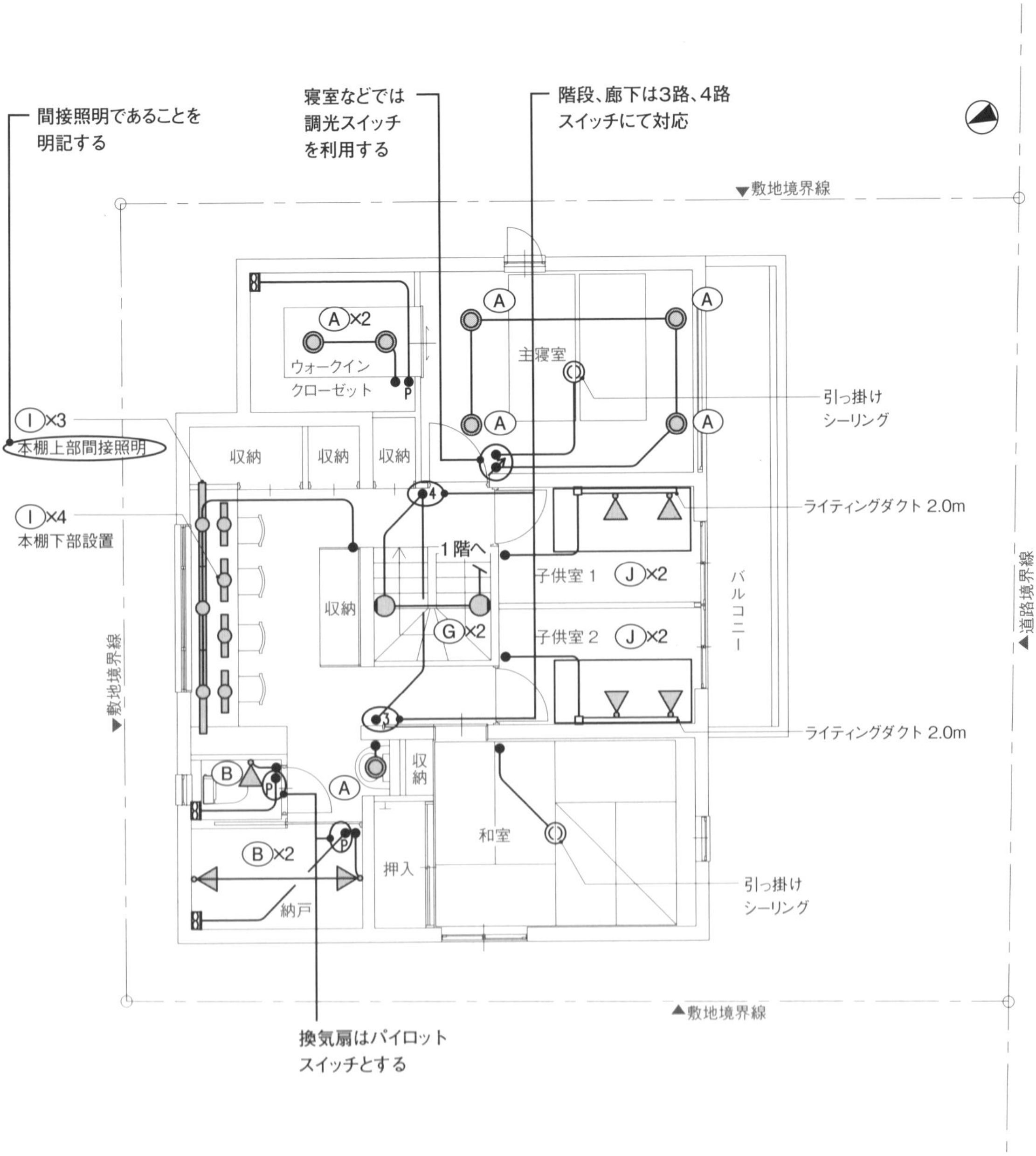
間接照明であることを
明記する
寝室などでは
調光スイッチ
を利用する
階段、廊下は3路、4路
スイッチにて対応
▼敷地境界線
A×2
ウォークイン
クローゼット
P
A
A
主寝室
A
A
引っ掛け
シーリング
I×3
本棚上部間接照明
収納
収納
収納
4
ライティングダクト 2.0m
I×4
本棚下部設置
1階へ
子供室 1
J×2
バルコニー
▲道路境界線
収納
G×2
子供室 2
J×2
▼敷地境界線
3
ライティングダクト 2.0m
B
P
A
収納
B×2
P
和室
押入
引っ掛け
シーリング
納戸
▲敷地境界線
換気扇はパイロット
スイッチとする

照明姿図

電球の種類やワット数、灯色なども明記するとよい

Ⓐ ダウンライト

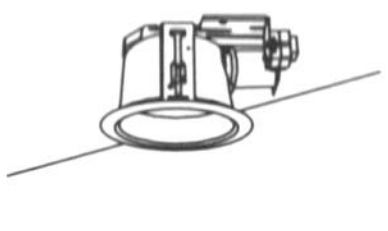

Ⓑ スポットライト

Ⓒ キッチンベースライト

Ⓓ 屋外用
ブラケットライト

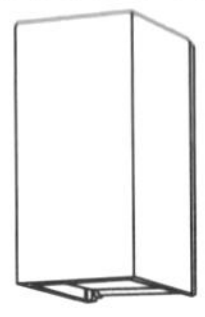

Ⓔ 屋外用スポットライト

弱電図（1F）

テレビ、電話、パソコン、インターホンの位置を設定し配置する。一般的にはコンセントと弱電アウトレットが一体となったマルチコンセントを採用する

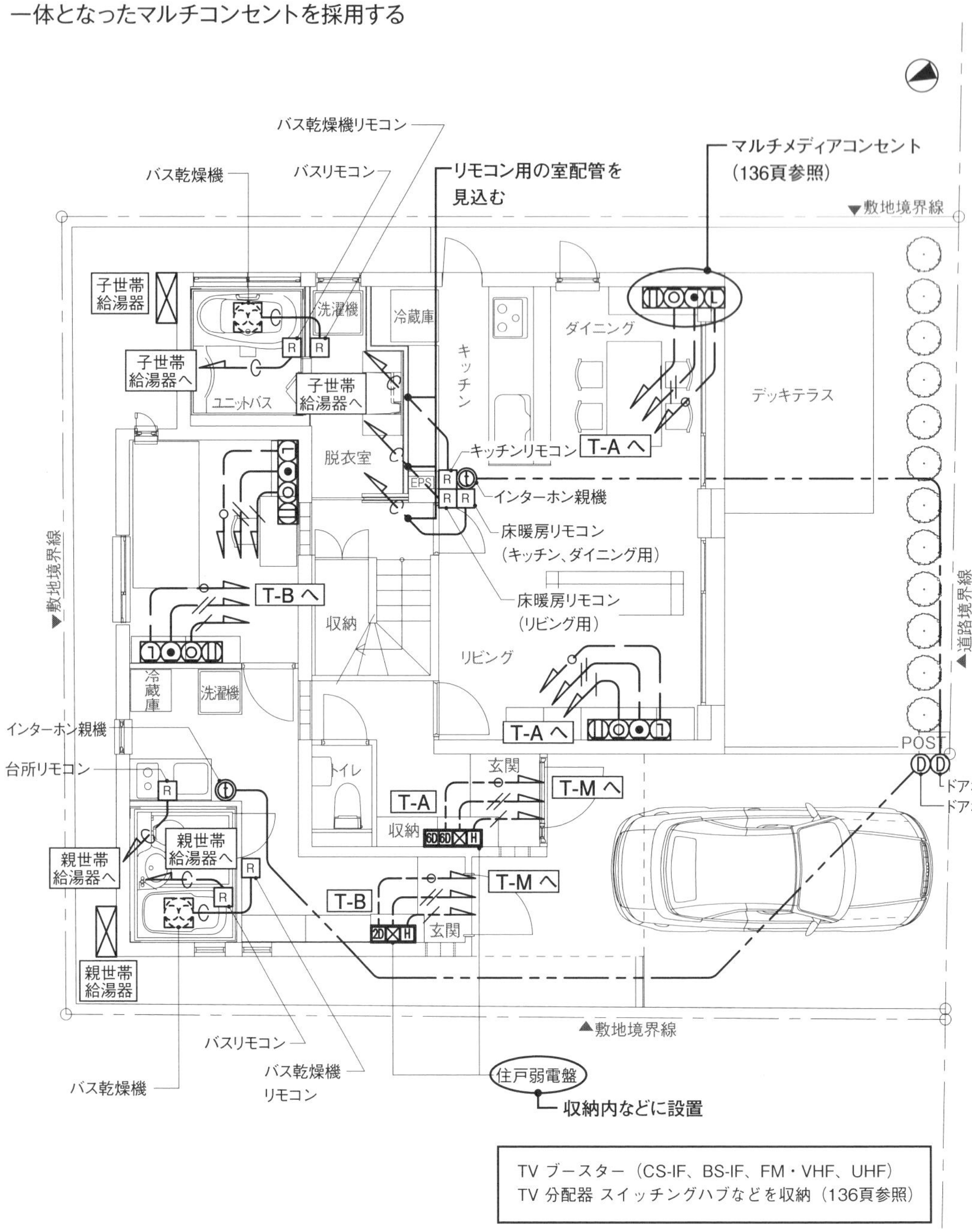

弱電図(2F)

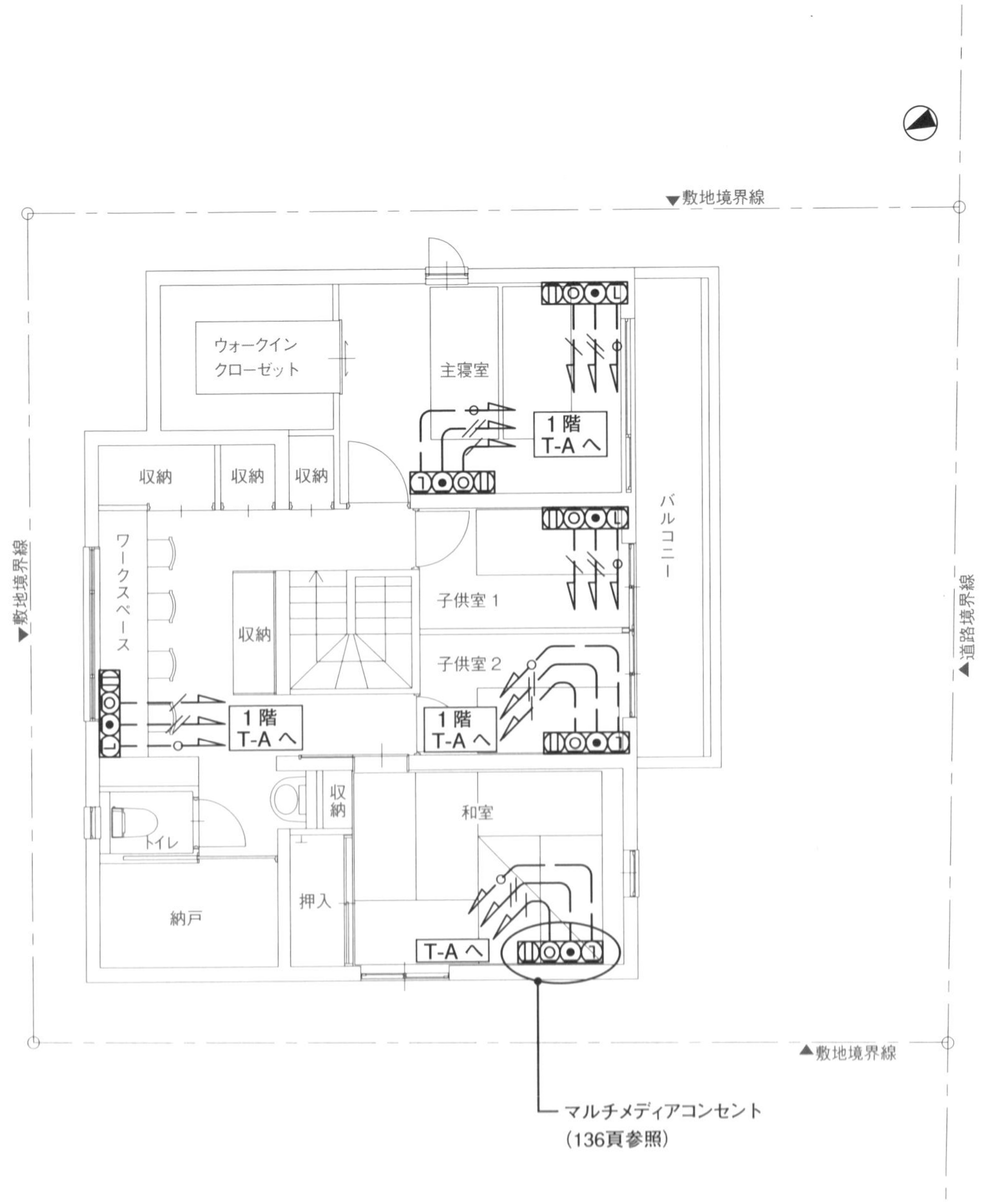

凡例

LAN	CAT5e 0.5-4P (PF16)	◎	テレビアウトレット
電話	ICT 0.5-2P (PF16)	⊙	電話アウトレット
TV	S5C-FB (PF16)	Ⓛ	インターネットアウトレット
給湯リモコン	空配管 (PF16)呼線共		

幹線図

電力・弱電（テレビ・電話・光ケーブル）の引き込み方向や引き込み位置を決める。引き込み点から分電盤、弱電盤までの一次側配線のルートを幹線と呼ぶ。引込柱を使用して引き込む場合は、通常、幹線は地中埋設となる

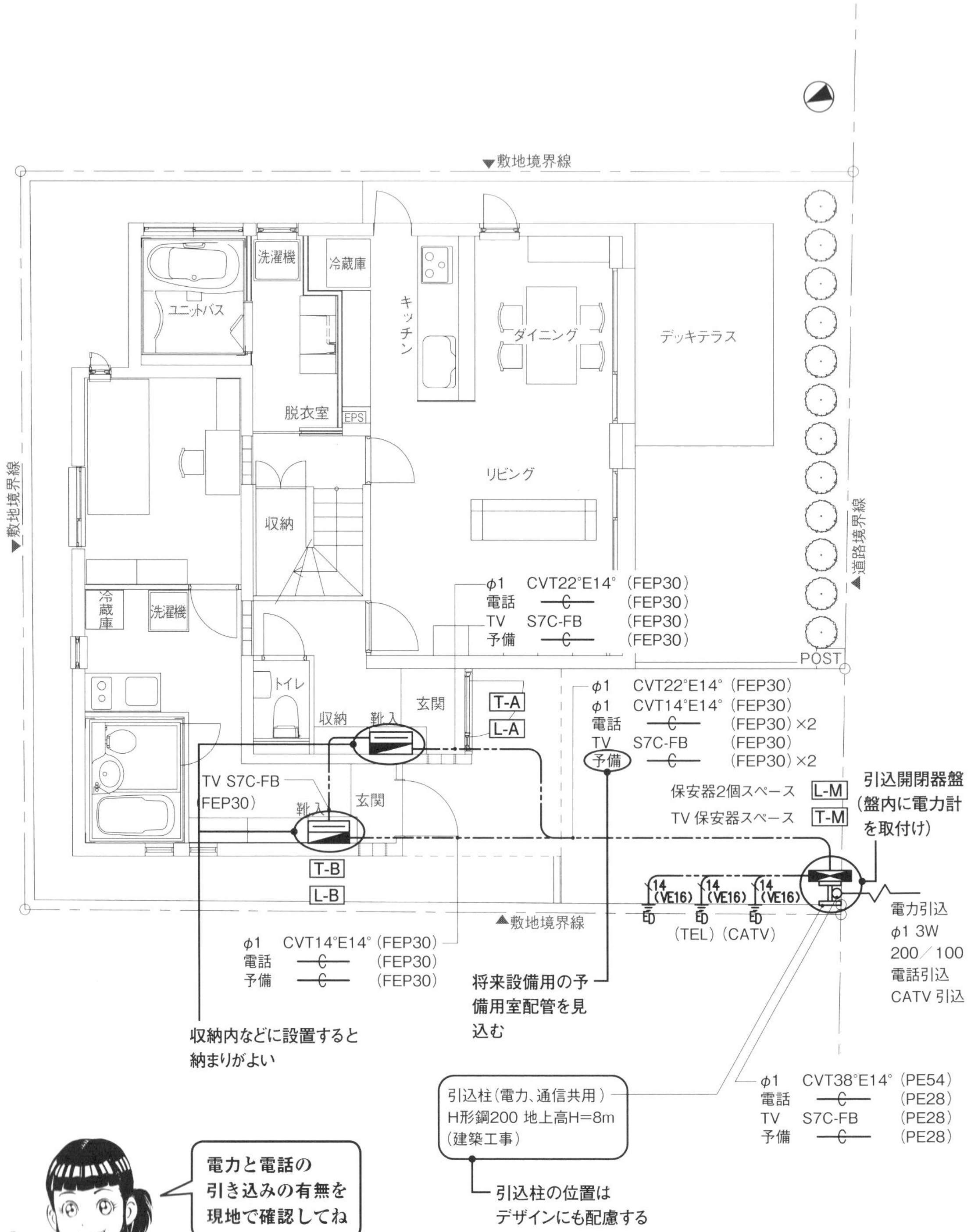

第5話 省エネ設備の計画

新しければよいというものでも

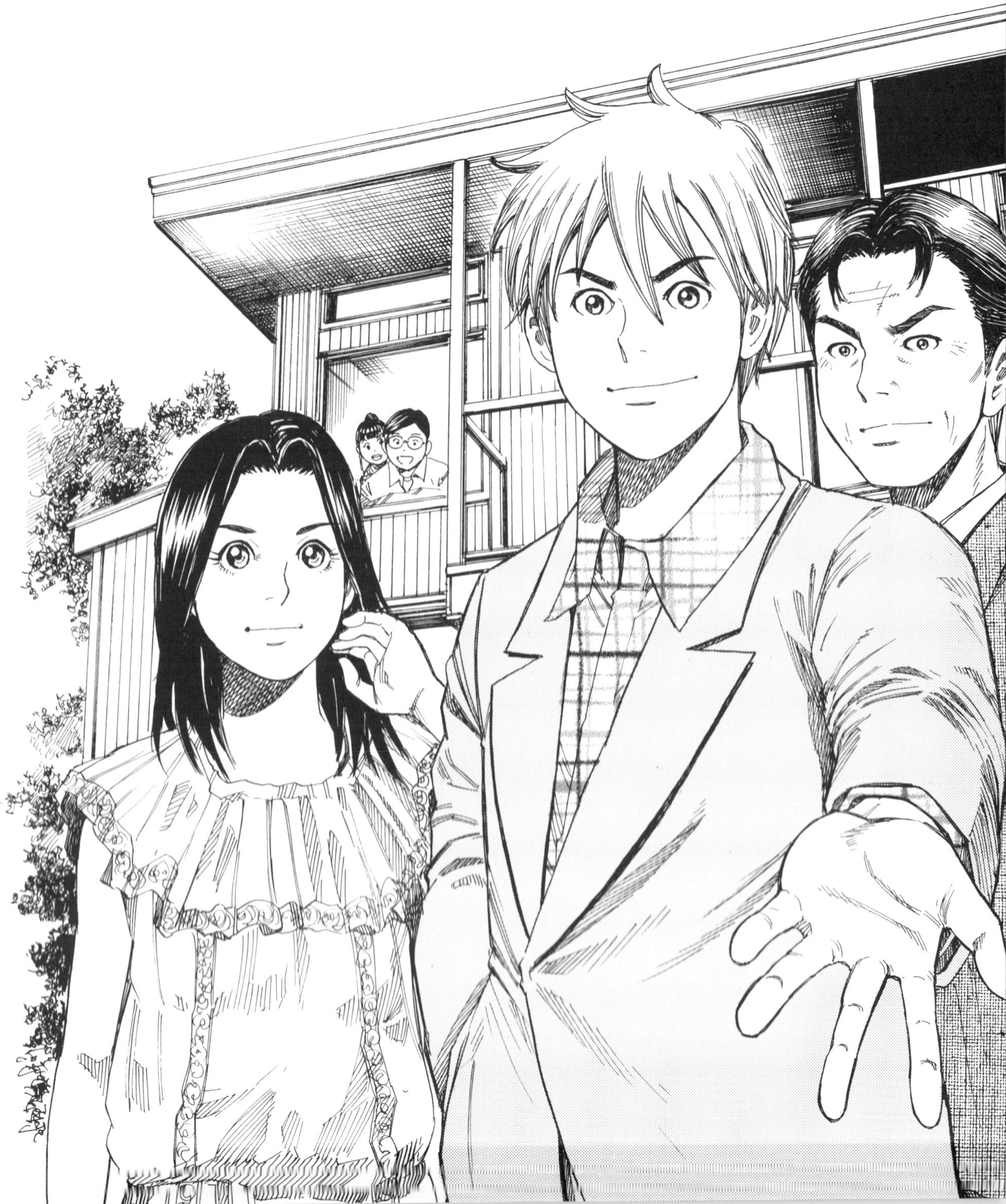

姉ちゃんが家を建ててほしいと言ったとき、オレに注文したのはこれだけだった
ほんと、イヤになるわ…今、借りてるマンション毎月の光熱費バカ高くてさー
はぁ…
ははっ、姉ちゃん、昔っから同じこと言ってるよな
当たり前じゃないの！家計を預かる主婦としては死活問題なのよ
それに、子供の健康のことを考えるとエアコンとかファンヒーターとかあんまり使いたくないのよね
だからさあ体にやさしくて、なおかつ省エネな家、こういうのってできないのかな？

へー、友子ちゃん
また難しい注文
つけてきた
もんだな
で？
建ちゃんの考える
省エネな家って
どういう家
なんだい？
そうだな…たとえば
太陽光発電と、
蓄電だろ…
電気代節約のために
大きな窓つけて
太陽の光をたくさん
採り入れたり…
あ
緑のカーテンもあるか
それに、雨水《うすい》を使えば
水道代かかんないし
それから
高性能な遮熱《しゃねつ》塗料も
いいよね

電気代のかかる冷暖房費を抑えるには、少ないエネルギーで効率よく冷暖房を効かせることが大切だろ?
そのためには建物自体の断熱性が最重要になるよね いやー、今ってさすごいもんがあるんだよねー
なんと、某国の宇宙開発技術がつまった遮熱塗料なんてのがあるんだぜ
ゴゴゴゴ
今回はこれを使って姉ちゃんの家の「断熱問題」を一発で解決しようと思ってる
はぁ〜
……
…なんだ、この絵に描いたような深いため息は……
遮熱塗料で断熱とは…お前、根本的に断熱と遮熱の違いがわかってないだろ
え? 違いって…だって、どっちも熱を伝えなくするもんだろ?

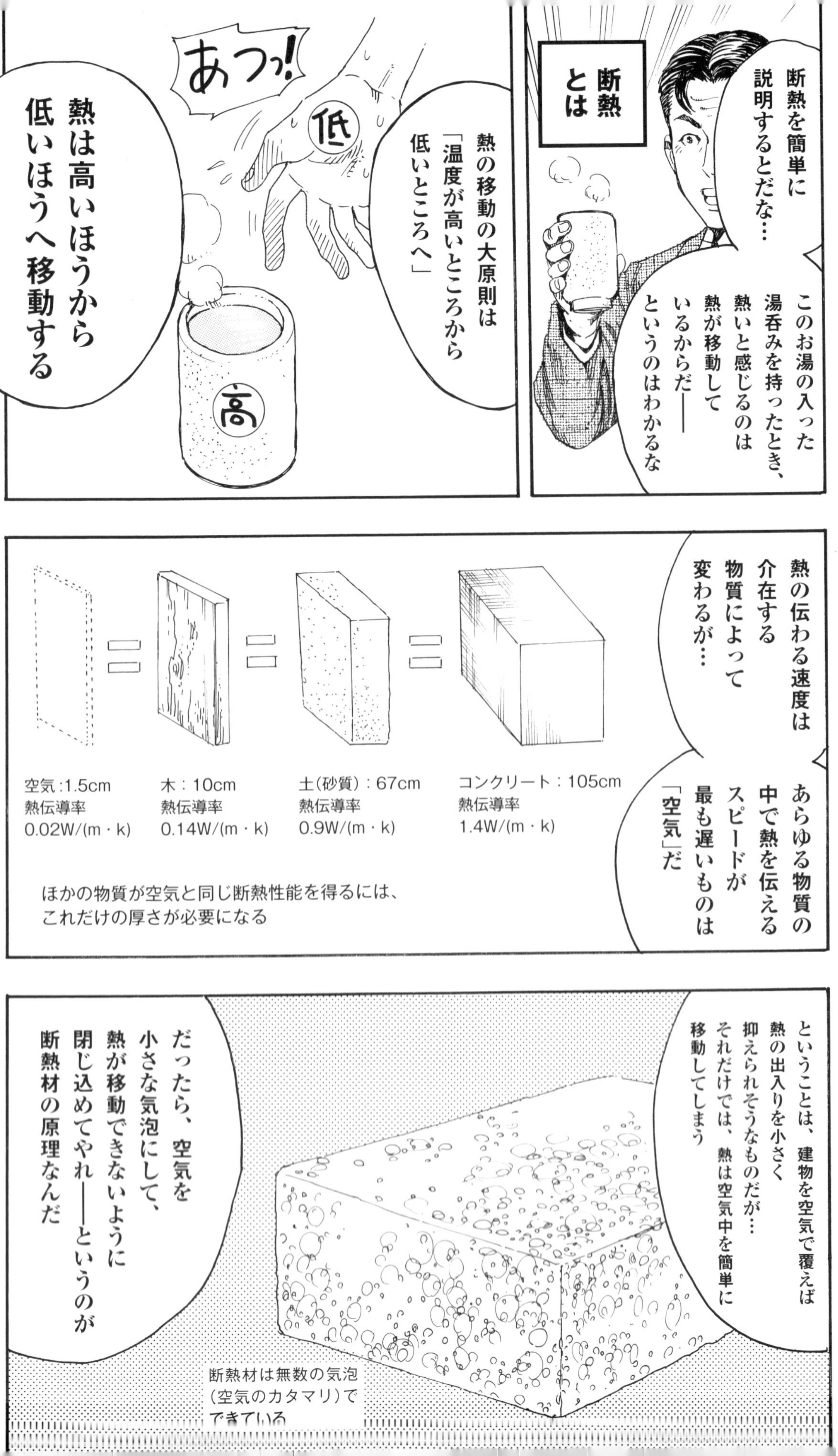

断熱とは
断熱を簡単に説明するとだな…
このお湯の入った湯呑みを持ったとき、熱いと感じるのは熱が移動しているからだ——というのはわかるな
あつっ!
低
高
熱の移動の大原則は「温度が高いところから低いところへ」
熱は高いほうから低いほうへ移動する
熱の伝わる速度は介在する物質によって変わるが…
あらゆる物質の中で熱を伝えるスピードが最も遅いものは「空気」だ
空気:1.5cm 熱伝導率 0.02W/(m・k)
木:10cm 熱伝導率 0.14W/(m・k)
土(砂質):67cm 熱伝導率 0.9W/(m・k)
コンクリート:105cm 熱伝導率 1.4W/(m・k)
ほかの物質が空気と同じ断熱性能を得るには、これだけの厚さが必要になる
ということは、建物を空気で覆えば熱の出入りを小さく抑えられそうなものだが…それだけでは、熱は空気中を簡単に移動してしまう
だったら、空気を小さな気泡にして、熱が移動できないように閉じ込めてやれ——というのが断熱材の原理なんだ
断熱材は無数の気泡(空気のカタマリ)でできている

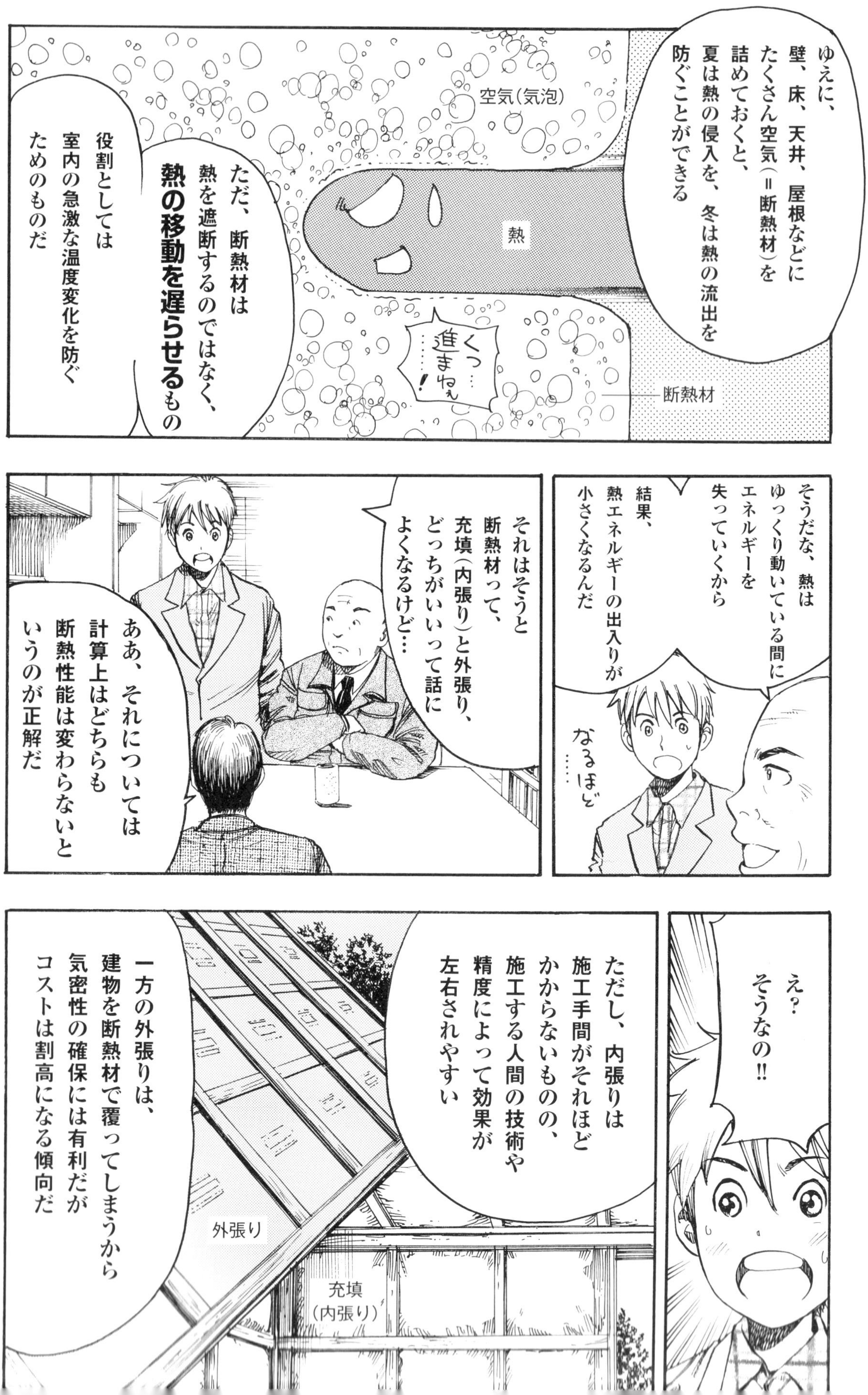
ゆえに、壁、床、天井、屋根などにたくさん空気（＝断熱材）を詰めておくと、夏は熱の侵入を、冬は熱の流出を防ぐことができる
空気（気泡）
熱
くっ…進まねぇ……!
断熱材
ただ、断熱材は熱を遮断するのではなく、熱の移動を遅らせるもの
役割としては室内の急激な温度変化を防ぐためのものだ
そうだな、熱はゆっくり動いている間にエネルギーを失っていくから
結果、熱エネルギーの出入りが小さくなるんだ
なるほど……
それはそうと断熱材って、充填（内張り）と外張り、どっちがいいって話によくなるけど…
ああ、それについては計算上はどちらも断熱性能は変わらないというのが正解だ
え？そうなの!!
ただし、内張りはそれほど施工手間がかからないものの、施工する人間の技術や精度によって効果が左右されやすい
一方の外張りは、建物を断熱材で覆ってしまうから気密性の確保には有利だがコストは割高になる傾向だ
外張り
充填（内張り）

断熱工法の種類

木造住宅の断熱工法

●充填断熱工法

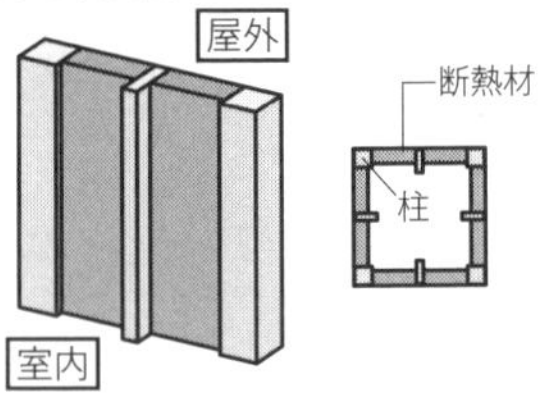

主に繊維系の断熱材を用い、柱などの構造部材間に充填する

●外張り断熱工法

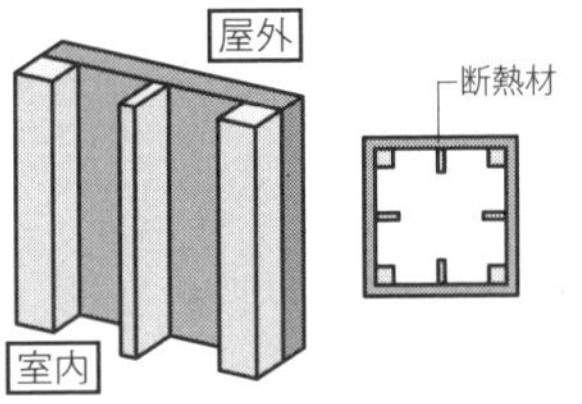

発泡系の断熱材など、ボード状の断熱材を構造体の外側に張る

●付加断熱工法

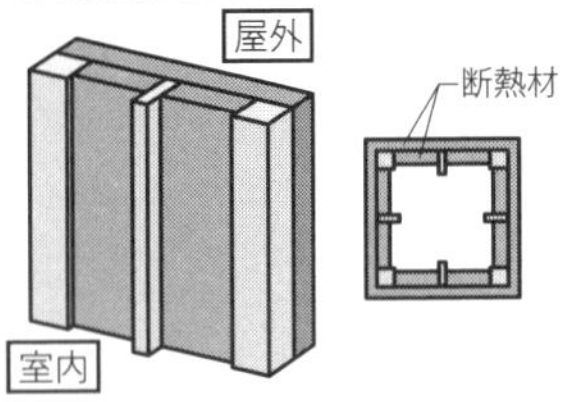

外張り断熱工法と充填断熱工法を合わせたもの。寒冷地向け

鉄筋コンクリート造の断熱工法

●内断熱工法

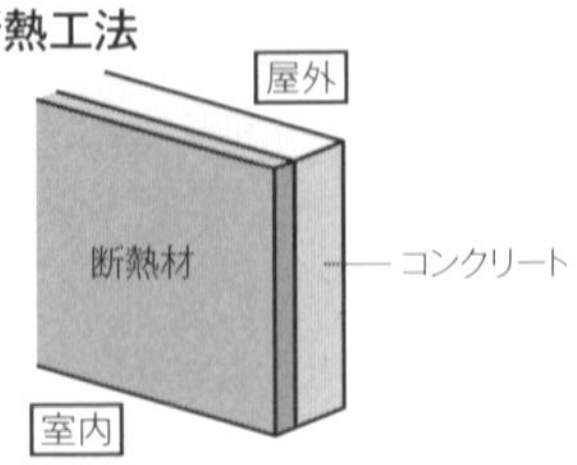

コンクリート内部に断熱材を吹き付けたり、張り付けたりする。熱橋などに注意

●外断熱工法

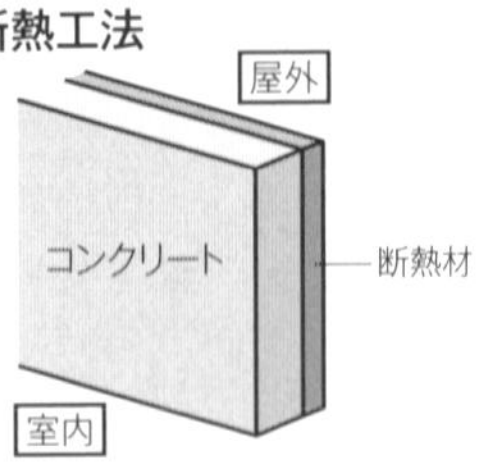

コンクリートの躯体を断熱材で覆う。躯体保護にもつながる

木造住宅の場合、断熱工法には柱と柱の間に繊維系断熱材を挟み込む「充填断熱工法」と、柱や梁の外側にボード状断熱材を張る「外張り断熱工法」、この２つを合わせた「付加断熱工法」の３つがあります。

充填断熱工法は、施工の精度によって断熱性能が左右されるものの、ローコストで施工できます。外張り断熱工法は、コストが割高になるものの、建物全体を断熱材で覆ってしまうため、熱損失が生じにくく、気密性も高まります。

鉄筋コンクリート造の場合は、躯体の内側に断熱層を設ける「内断熱工法」と、躯体の外側に断熱材を張る「外断熱工法」があります。内断熱工法はローコストですが、断熱材が連続しない熱《ねつ》橋《きょう》部分で温度差が生じ、断熱材と躯体の間で結露が生じる可能性があります。特にコンクリートは熱を伝えやすいため、断熱欠損個所には適宜断熱補強をする必要があります。一方、外断熱工法は、断熱材で外部を連続して包み込むため、熱橋ができにくく躯体保護にもつながりますが、コストは比較的割高になる傾向にあります。

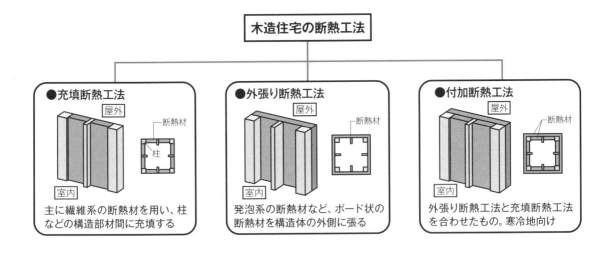

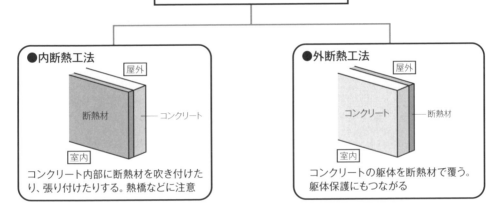

施工に不備があると気づかないうちに建物内部で結露が生じ、カビやダニが発生してぜんそくやアレルギーの原因になったり、木造では建物の構造材自体を腐らせてしまうこともある
うわ!! なんだこれ!? 壁の中がカビだらけだ!
むしろ、内か外かの選択がシビアに問われるのは、コンクリート打放しの建物だろう
え? そーなの
コンクリートには、「暖まりにくく、冷めにくい」という性質がある 外断熱を選択すると夏はコンクリートに冷房の冷気を奪われ、なかなか涼しくならない
逆に、冬は暖房を入れてもなかなか暖まらない
なんだよ、それじゃ内断熱のほうが絶対いいじゃん
いや、一概にそうとも言えない 冬はいったん室温が上がれば機器を止めてもコンクリートの「蓄熱性」のおかげで室温が下がりにくいから…
一日中誰かが家にいて常に冷暖房機器が必要な家庭には外断熱のほうが向いているとも言える
要は、そこに住む人のライフスタイルに合わせて選ばなければならないということだ
なるほど

さて、問題の遮熱だが…
えっ 問題？
遮熱とは
熱の移動に抵抗する断熱材に対して…
遮熱材は太陽光に含まれる光線の中で最も熱的作用が大きい赤外線（熱線）を反射して、**室内の温度上昇を防ぐ**ものだ
この2つは似ているが基本的な役割は異なる
うん
…わかってねーな…こいつ
そーだな、わかりやすく言うとサッカーの守備の要《かなめ》であるゴールキーパーがボール（熱）をキャッチして守るのが断熱、パンチングではじき返すのが遮熱って具合かな
断熱
熱
遮熱
熱
あー なるほど

遮熱の仕組み

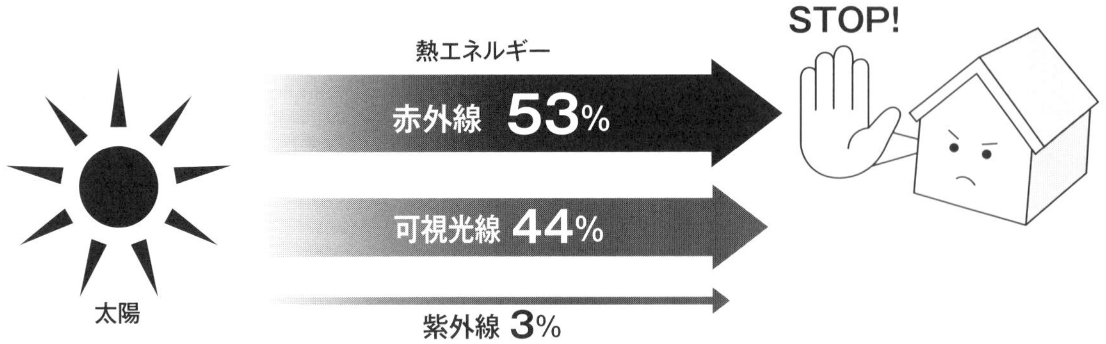
STOP!
熱エネルギー
赤外線 53%
可視光線 44%
紫外線 3%
太陽

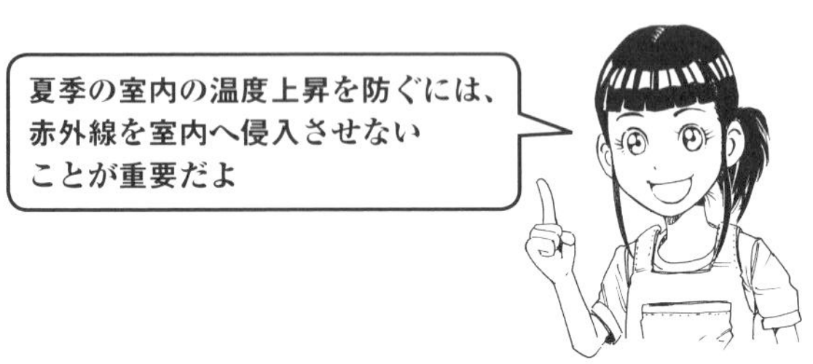
夏季の室内の温度上昇を防ぐには、
赤外線を室内へ侵入させない
ことが重要だよ

遮熱材の種類

●**遮熱塗料**　主に、屋根や外壁の赤外線の反射率を高める。白色が最も効果がある。

●**遮熱フィルム**　窓から侵入する赤外線をカットする。赤外線の吸収タイプと反射タイプがある。

●**Low-E（低放射）ガラス**　ガラスに特殊な金属膜のコーティングを施し、可視光線は通しながら、紫外線や赤外線の透過を防ぐ。複層ガラスとして使用し、複合サッシや樹脂・木製サッシなどと組み合わせることで、高い断熱性能を発揮する。

遮熱塗料

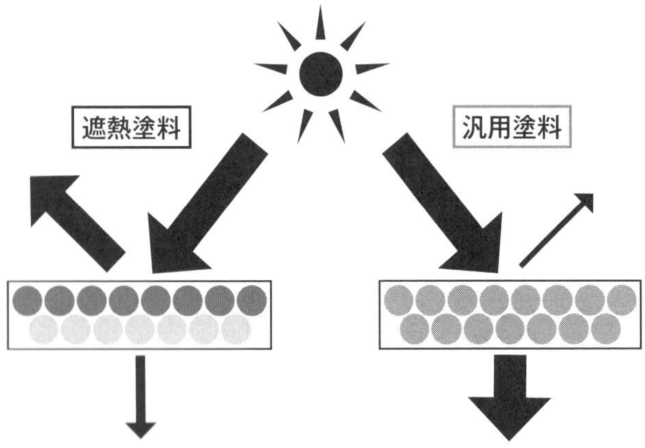
遮熱塗料
汎用塗料

遮熱塗料が近赤外線（熱線）領域の波長の光線を反射し、
透過する熱量を減少させる

Low-E（低放射）ガラス

●日射侵入率

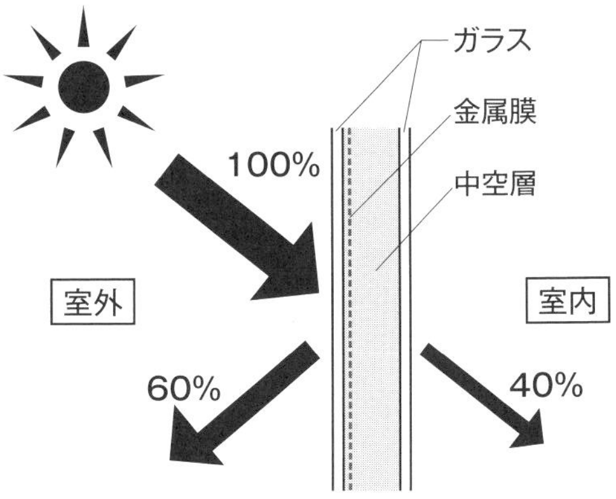
ガラス
金属膜
中空層
100%
室外
室内
60%
40%

つまり、遮熱材は
断熱材と似てはいるが
それ単体では決して断熱材の
代わりにはならないということだ
断熱材と併用することで
初めて大きな効果が発揮される
もの、それが遮熱材だ
え？
でも、オレの見た広告には
断熱材◯ミリの厚さと同等の
効果って書いてあったけど…
だから、役割が
違うんだよ
ボールをキャッチする
技術がなくて、
パンチングばっかじゃ
相手の攻撃は
防げないだろ
そういう広告の
謳い文句を
間違って解釈して…
はあ…
断熱材は必要ない
遮熱材だけで十分だと
思っている人は
お前以外にもけっこういる
まったく困ったものだよ

そもそも住宅の熱負荷計算の段階で屋根や外壁の遮熱材の効果を計算に入れるのは非常に難しい
なぜなら、太陽の放射熱(※)に対する遮熱の効果は屋根や外壁の材料、色などによっても変わってくるからだ
※放射とは？
熱には伝導・対流・放射という3種類の伝わり方があり、このうち放射は熱を媒介する物質(空気や水など)がなくても高温の物体から低温の物体へ熱が移動することをいう。宇宙空間に空気はないが、太陽の熱エネルギーが地球まで届くのは、この放射のおかげである
まあ、こんなのは建築士の免許をもってる人なら当たり前の話だな
と…当然だろ！
そ…そーなんだ
建太!!
ん？
バシッ
ぐお!!
こらっ、ナナミ！
どーも
あそべ——!!

だいじょーぶ？……
あ、お義父さんが言ってたよしず、買ってきましたよ
え？よしず
てて
うん、お義父さんが夏場、エアコンを極力使いたくないなら、窓によしずかすだれをかけるといいって教えてくれたんだ
へー、またアナログな…でも、そーいや、ウチも夏場よしずかけてたっけ…
まったく最近の若いもんは…
そのよしずやすだれがお前がやろうとしている省エネの家に欠かせないものだというのにな
はあ
え？ 何言ってんだよたかが、よしずだろ？
ポーン

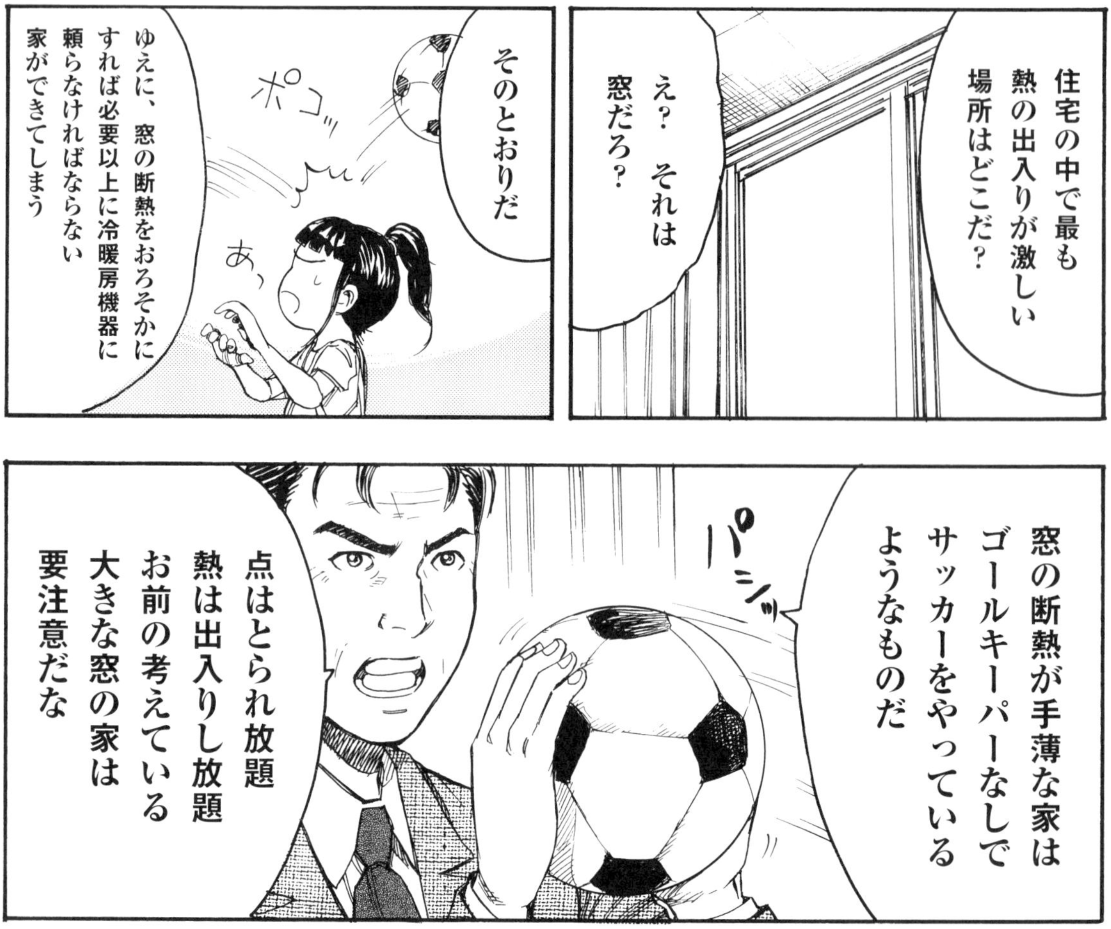

窓からの熱損失

夏季の冷房時（昼）に開口部を介して熱が流入する割合 **73%**

冬季の暖房時に開口部を介して熱が流出する割合 **58%**

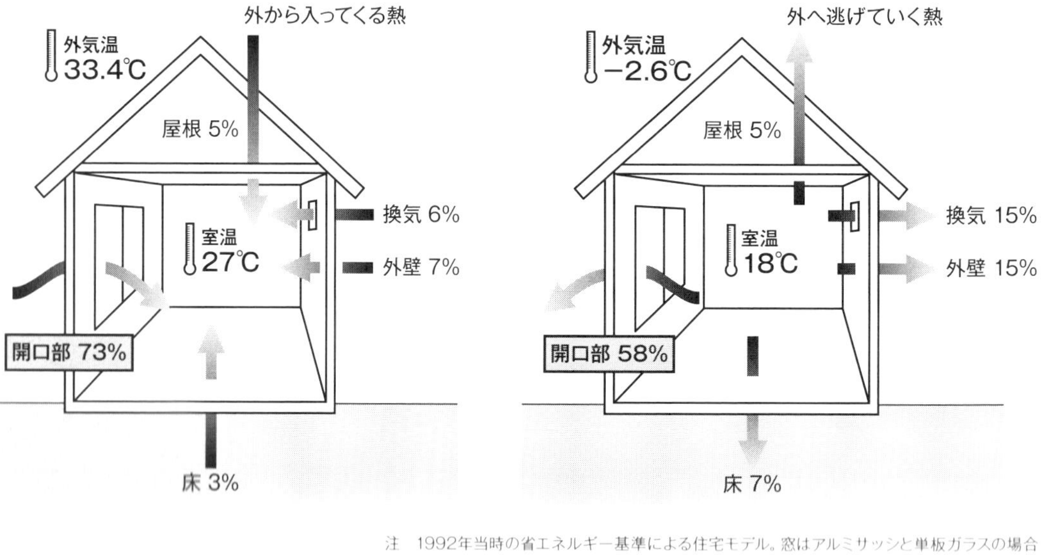

注 1992年当時の省エネルギー基準による住宅モデル。窓はアルミサッシと単板ガラスの場合

へー、窓って そんなに大事な ところだったのね…
そ、それじゃ 具体的に どーすりゃ いいんだよ
まあ、真っ先に思いつくのは 性能のいいガラスやサッシを 使うことだな 窓枠は断熱性に優れた 樹脂や木製などのもの
ガラスは、中空層を 設けた複層ガラスや Low-E（低放射）ガラスを 使ってやるといい
日射遮蔽《にっしゃしゃへい》とは
それから、もう1つ 夏場に重要に なってくるのが 日射遮蔽だ
日射遮蔽って 要するに庇《ひさし》とか ブラインドの ことですよね
ああ、ただ、これも 取り付けただけでは 効果がないんだ
庇は太陽光が入りやすい 南側の窓に設けることにより、 視界を妨げることなく 日射熱の負荷を低減してくれる
また、大きさや角度に注意して 設置すれば、太陽高度の高い夏の 日射を遮蔽しながらも、 太陽高度の低い冬の日射は 妨げずに日照を確保できる
それから ブラインドをつけるなら **室内よりも室外**だ 室内に熱が入る前に 遮蔽する分 熱の影響を軽減できる
夏の日射遮蔽は 最も基本的かつ 省エネ効率の高い 設計手法の1つだ

庇による日射遮蔽

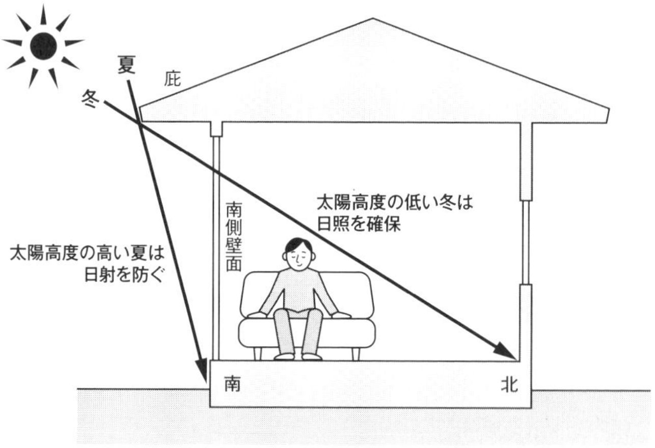

ブラインドの日射遮蔽効果

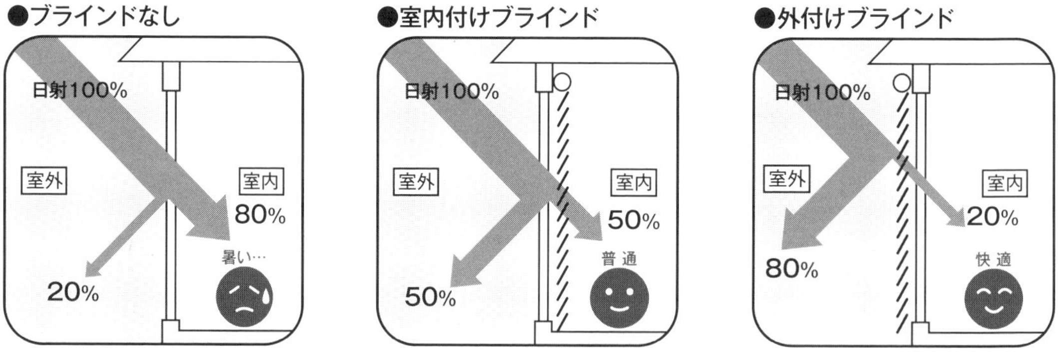

注　6㎜透明板ガラス使用時の値

そうだ よしずや すだれだ
え？
高性能なガラスや内部ブラインドよりも窓の外によしずやすだれをおいてやるほうが、はるかに高い遮熱性能を発揮する場合は多い
要は、外付けブラインドの代わりというわけだが低コストなのに、遮熱効果は絶大で、しかもメンテナンスの手間がかからない
もちろん、Low-Eガラスみたいな高性能ガラスと併用して使えば効果はさらにアップする
まあ、私に言わせれば夏の暑さをやわらげたいならとりあえず窓の外によしずやすだれをかけておけということだそうすれば省エネにも大いに貢献する

日射遮蔽の4つの手法

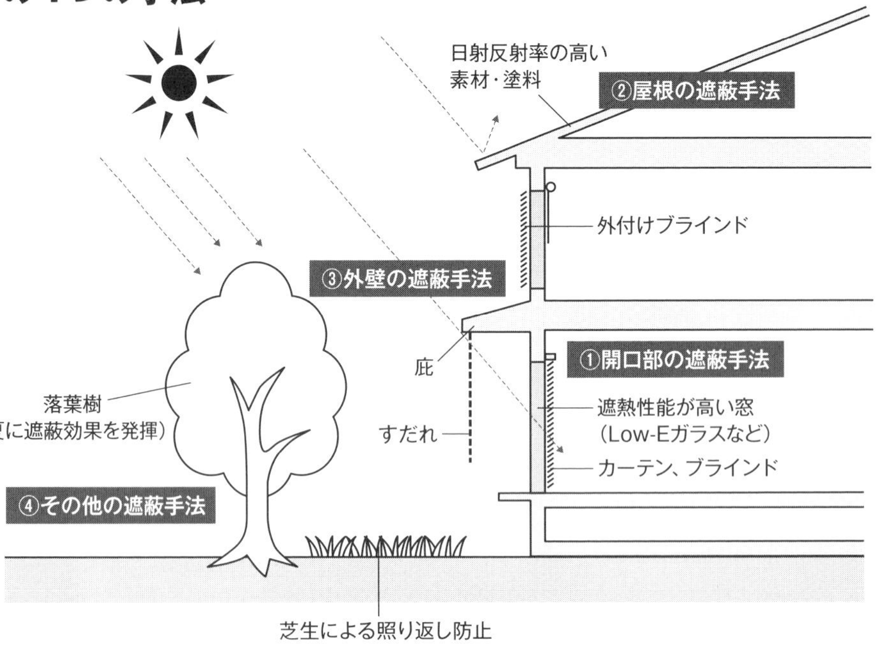

●部位ごとの検討ステップ

敷地の周辺状況の確認、目標レベルの設定

▼

①開口部の遮蔽を検討する

- ■外付けブラインドやすだれ、外付け日射遮蔽部材の利用
- ■サッシおよびガラスに遮蔽性能の高いものを使う
- ■日射遮蔽部材の利用（庇などは取り付ける方位と出寸法によって大きな効果が期待できる）

▼

②屋根の遮蔽を検討する

屋根面は日射受照時間が長時間に及ぶため、断熱に加えて、日射遮蔽対策が重要。室内への熱流入や屋根・天井面から室内への放射熱を抑制する対策が必要となる

- ■日射反射率の高い屋根材の使用
- ■小屋裏換気による排熱（天井断熱の場合）
- ■屋根の通気措置による排熱（屋根断熱の場合）

▼

③外壁の遮蔽を検討する

外壁の日射遮蔽対策の基本は、屋根面と同様。断熱性能を向上させ、かつ外壁面で吸収された日射熱の室内への流入を抑制する対策が必要となる

- ■日射反射率の高い外壁材や外付けルーバーの使用
- ■外壁の通気措置による排熱

▼

④その他の遮蔽を検討する

地表面やベランダ床などからの照り返しは見逃されがちであるが、適切な措置を施せば効果が得られる。芝生や樹木も有効な日射遮蔽措置となる

■照り返しの防止措置　■庭木による日射遮蔽措置

なるほど…何でも新しければいいってもんじゃないんですねー
太陽光発電の効果
ところでお義父さん省エネといえば太陽光発電はどーなんですか？
助成金もあるって聞いたし、いざ停電なんてとき自前で発電できればいいんじゃないかなって…
って、言ってるそばから最新設備……
オレも太陽光発電を設置しない手はないと思うんだ
絶対得だし！
…ふむ太陽光発電か
たしかに、地球周辺に存在する自然エネルギーの中で最も大きい太陽エネルギーを有効活用できるならそれに越したことはないな
建太ちょっと、ベランダまで来てみろ
カラッ
えっ？
どうだ？ここから見える場所のどこが太陽光パネルの設置に適しているか、お前にわかるか？
え…適してるってそんなのどこにつけたって…

正解は日照りのいいところだ！
はあ？そんなの当たり前じゃねーか！
何を言っているこれこそが太陽光発電の一番のキモなんだ
太陽光発電は太陽光という不確定な自然エネルギーに頼る分、設置できる場所が限られる
設置に適さない家や場所、地域なんかはいくらでもあるんだ
そもそも太陽光発電は太陽光エネルギーを吸収して、直流の電気に換えるエネルギー変換器（太陽電池モジュール）から…
パワーコンディショナーと呼ばれる交流の電気に変換する装置を通すことで、家庭で使える電気をつくり出すものだ

ただ当然、太陽が出ている瞬間しか発電はしない それに、日照時間が短かかったり日が当たらない場所だと十分な発電量を得ることができない
また、太陽電池モジュールに木やビルの影がかかると周囲からの錯乱光で10～40％の発電力しか得られないこともある こういう場所は太陽光発電には向かない
発電力の不足や維持費がかかることも考えずに、補助金が出るからとか余った電気を売れば初期費用をペイできるとか
だってさ
そういう考えで設置して、後で後悔することが往々にしてあるものだ
それと、さっき停電などの〝いざ〟というとき、役に立つと話していたが…
そもそも太陽光発電は停電時には期待しているほど役に立たないということも知っておくべきだろうな
えっ？

太陽光発電に必要な機器

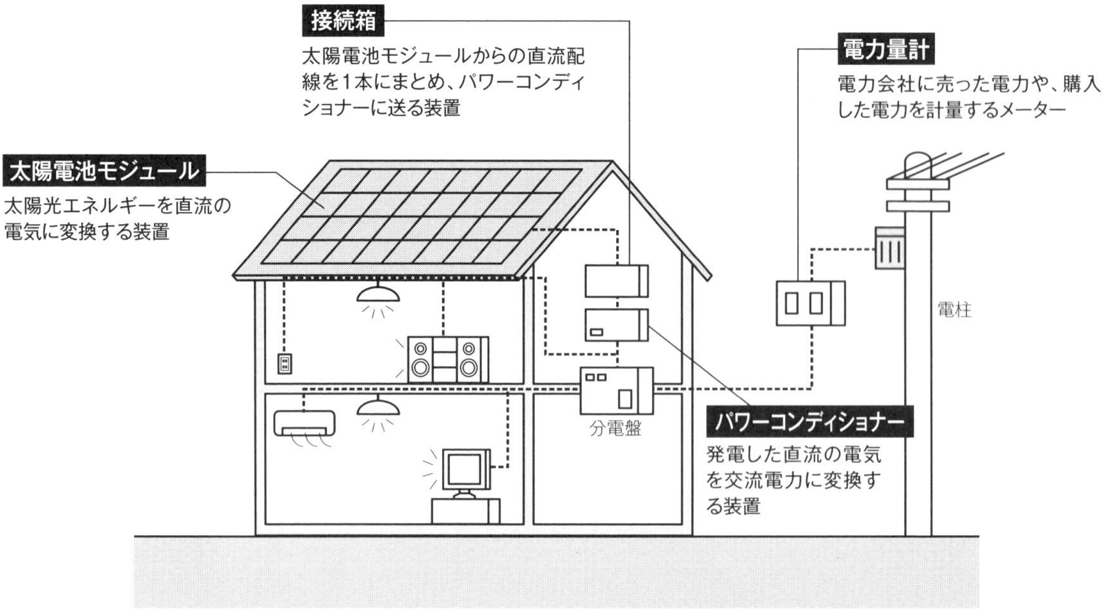

一般家庭では、環境、機種、使用状況などに応じ、3 ～ 6kW のものを設置します。また寿命は、太陽電池モジュールが 20 年～、パワーコンディショナーが 10 ～ 15 年と言われています

太陽電池モジュール設置のポイント

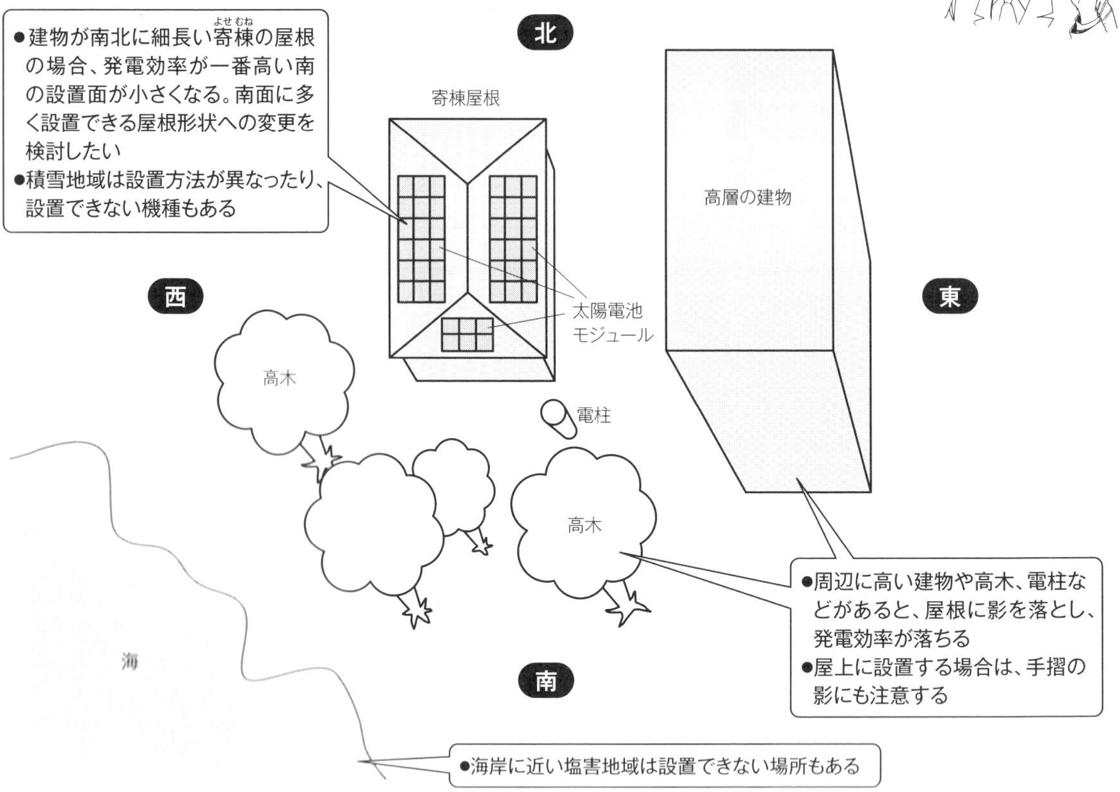

あまり知られてないが
太陽光発電は停電すると
発電をストップしてしまう
えーっ、そーなんだ
なんかそういうときこそ
動いてくれるもんだと
思ってたけど
まあ、幸い、ほとんどの
太陽光発電には、
停電時でも自立運転に
切り替えて一カ所だけ使える
非常用電源（自立運転コンセント）が
ついている
自立運転
コンセント
だが、
そのコンセントから
供給される最大電力は
1500Wだ
え？ たった1カ所？
しかも1500Wって…
ドライヤー1台
使ったら終わりじゃん!!
今のところ
そういうふうに
定められているから、
私たちやメーカーでは
どうにもできないんだよ
ただ、今までの話が
マイナスにとられて
しまったかもしれんが…
太陽光発電には
技術的にも取り組み的にも
すばらしいものがある
使い方と設置場所さえ
きちんとしてやれば、
省エネにもつながる
すごくいいものだと
私は思うよ

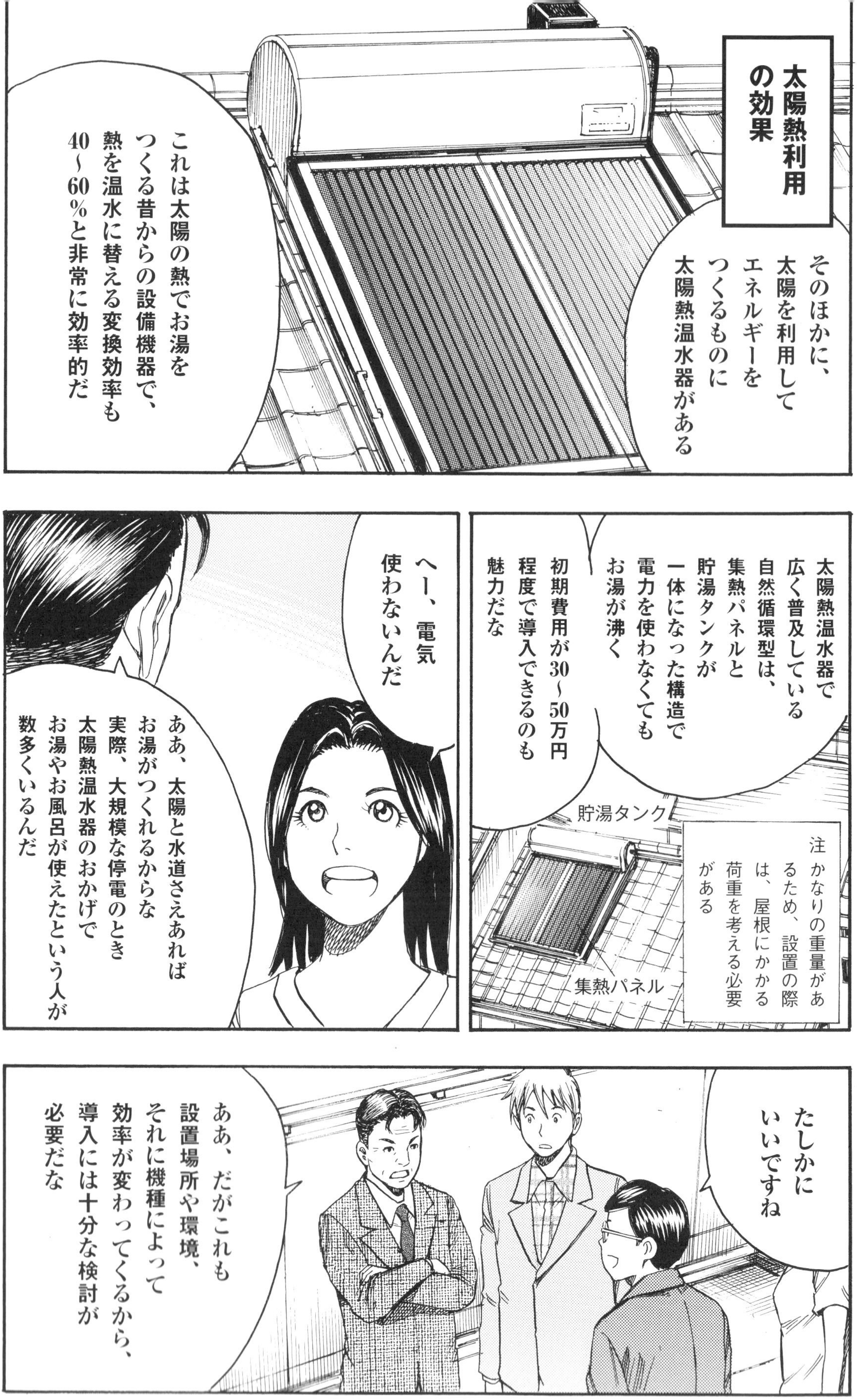

太陽熱利用の効果
そのほかに、太陽を利用してエネルギーをつくるものに太陽熱温水器がある
これは太陽の熱でお湯をつくる昔からの設備機器で、熱を温水に替える変換効率も40~60%と非常に効率的だ
太陽熱温水器で広く普及している自然循環型は、集熱パネルと貯湯タンクが一体になった構造で電力を使わなくてもお湯が沸く
初期費用が30~50万円程度で導入できるのも魅力だな
貯湯タンク
集熱パネル
注 かなりの重量があるため、設置の際は、屋根にかかる荷重を考える必要がある
へー、電気使わないんだ
ああ、太陽と水道さえあればお湯がつくれるからな
実際、大規模な停電のとき太陽熱温水器のおかげでお湯やお風呂が使えたという人が数多くいるんだ
たしかにいいですね
ああ、だがこれも設置場所や環境、それに機種によって効率が変わってくるから、導入には十分な検討が必要だな

太陽熱温水器の種類と仕組み

●自然循環型（平板型）

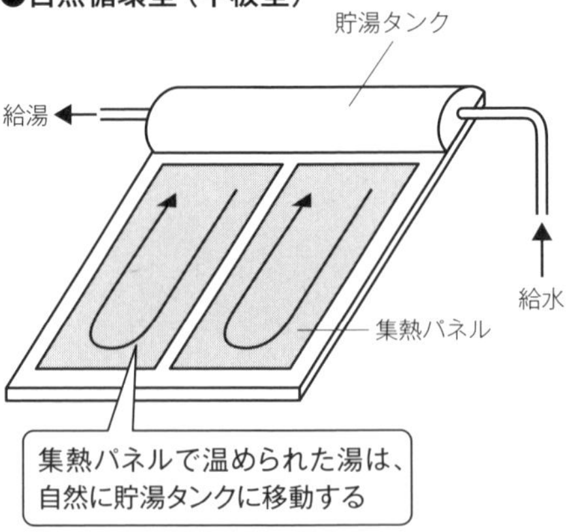
貯湯タンク
給湯
給水
集熱パネル
集熱パネルで温められた湯は、
自然に貯湯タンクに移動する

●自然循環型（真空貯湯型）

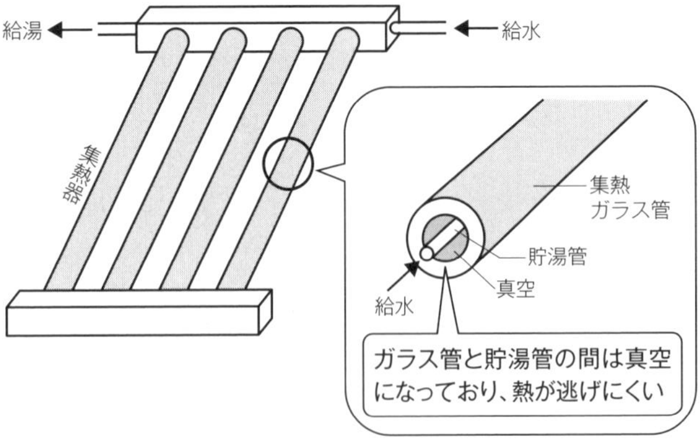
給湯
給水
集熱器
集熱
ガラス管
貯湯管
真空
給水
ガラス管と貯湯管の間は真空
になっており、熱が逃げにくい

●強制循環型

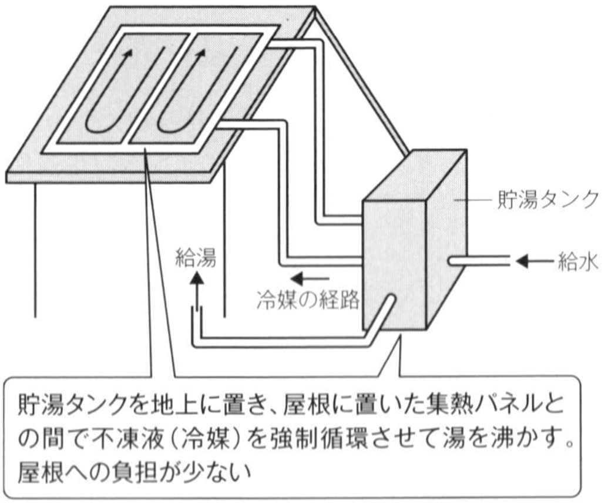
貯湯タンク
給水
給湯
冷媒の経路
貯湯タンクを地上に置き、屋根に置いた集熱パネルと
の間で不凍液（冷媒）を強制循環させて湯を沸かす。
屋根への負担が少ない

太陽熱給湯システムの仕組み

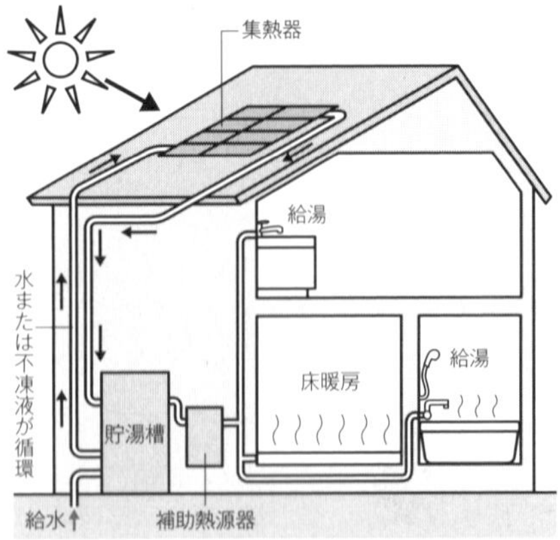
集熱器
給湯
水または不凍液が循環
床暖房
給湯
貯湯槽
給水
補助熱源器

集熱器で温めた水を給湯に使用。暖房用配管、循環ポンプなどを備えれば、床暖房への利用も可能

太陽熱を回収し、温水として利用する太陽熱温水器には「自然循環型」と「強制循環型」の２種類があります。

広く普及している自然循環型は、集熱パネルと貯湯タンクが一体となった構造で、電力が不要なうえ、自然対流の原理を利用して貯湯タンクに湯を蓄えます。

自然循環型には、さらに「開放型」と「水道直圧型」があります。開放型はタンクと給水栓の高低差を利用して給湯を行うため、水圧の確保がポイントになります。水道直圧型は、高い給湯圧力が確保できます。このほかにも水道直圧型の一種で、集熱器の集熱部と貯湯部が一体となった「真空貯湯型」があります。ガラスに覆われた円筒状の集熱器のまわりに湯を貯める仕組みで、集熱効率や保温力が高いのが特徴です。

強制循環型は、屋根の上の集熱パネルと地上の貯湯タンクを分離させて設置するもの。パネルとタンクの間に冷媒を循環させて湯をつくり蓄える方式で、価格は多少割高ですが、貯湯量が多く、高い水圧を確保できます。また、冬でも湯温が上がりやすいというメリットもあります。より積極的に太陽熱を利用するシステムとして、給湯だけでなく、床暖房への利用も可能です。

へー、便利なものがいろいろあるんですねー
ねえ、建太くん、これからじっくり相談しようね
そ…そうですね…
…この人全部つけたいって言いそうだな…
フフフ…
…それはそうと大人の意見ばかりじゃなく、子供にも聞かないでいいのか？
え？
子供も住人の一人だろ？住人の意見を、できるだけとり入れてやるのが建築士の仕事だろ
…まあそれもそうだよな…
えっ？
どんなうちっ？……
うーん…
思い出した……
ゆーちゃんのうちがいいーーー!!
びぇーーっ
…相変わらず子供の扱い下手だな…
どーした
ナ、ナ…ナナミ…
あたふた
うわあああ
ゆーちゃんて同じクラスの子でね
その子の家、緑のカーテンやってんだけどさ…
ナナミ、その子の家にあこがれて、ゴーヤの種まいたんだけど
結局、全部枯らしちゃってね…
もー、それ思い出すたびに泣いちゃって…
うー…

まあ、屋上緑化や壁面緑化（緑のカーテン）は近ごろのはやりだからな…
あっ、オレもやってみようと思ってたんだ 屋上緑化や壁面緑化は、断熱とか遮熱の効果があるっていうし、省エネにもつながるってことだよな
んー…、そーだな まぁ、屋上緑化に関しては土の断熱性能があまり高くないから大きな断熱効果は期待しないほうがいい
屋上緑化と壁面緑化
それより、緑化によるヒートアイランド現象の抑制や芝生なんかを敷きつめてゴロゴロしたいっていう〝心の癒し〟を求めるほうが効果は大きいかもな
あと、緑のカーテンと呼ばれている壁面緑化は、屋上緑化に比べて通行人や地域住人の目にも触れやすいから、街の景観づくりに一役買う効果もある
ただ、壁面緑化で失敗しやすいのが、方角を気にせず種をまいてしまった結果日が当たらず、植物が育たないことだ
できれば南側、もしくは日のあたる東か西がベストだ 北側につくるなんてもってのほかだな
あっ うち、北だったかも…

壁面緑化の種類

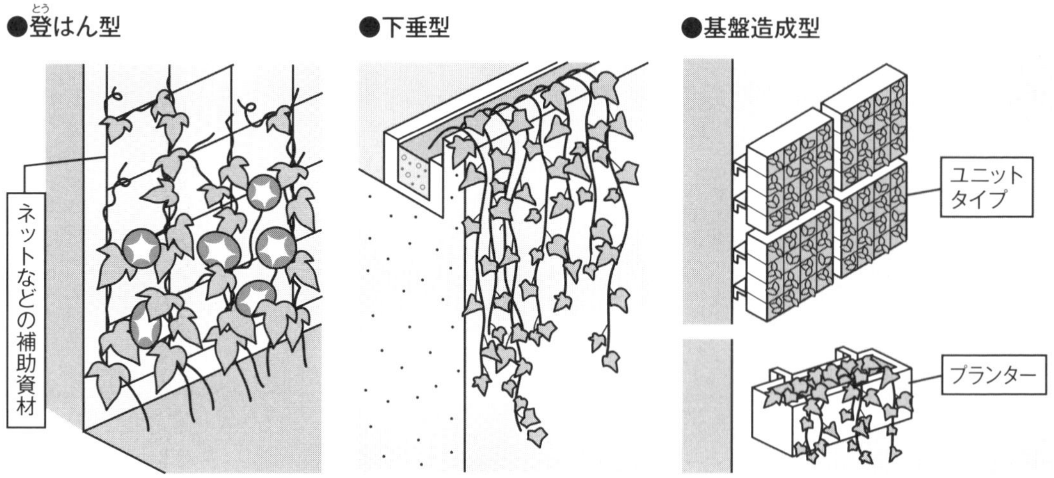
●登《とう》はん型
ネットなどの補助資材
●下垂型
●基盤造成型
ユニットタイプ
プランター

そっか、じゃあ雨水《うすい》とかも使ったら省エネになんのかな
あっ、それって雨水《あまみず》ためて使うやつだよね そんなのあったら、水道代もすごく助かるよね
うーん、雨水利用には過度の期待はしないほうがいいだろうな まあ、植物の水やりくらいにはなるだろうが…
雨なんて、そんなに頻繁に一定量降らないだろ それに、水道代わりに使おうと思ったら、雨水の貯水タンクに大型のものが必要になる
東京の両国国技館は雨水を利用してトイレの水の8割をまかなっているそうだが、まぁ、戸建ての場合は〝雨水は水道水の足しに〟くらいに考えておいたほうがいいんじゃないか

雨水貯留タンクの設置例

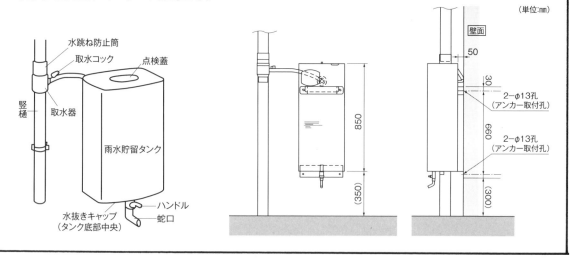

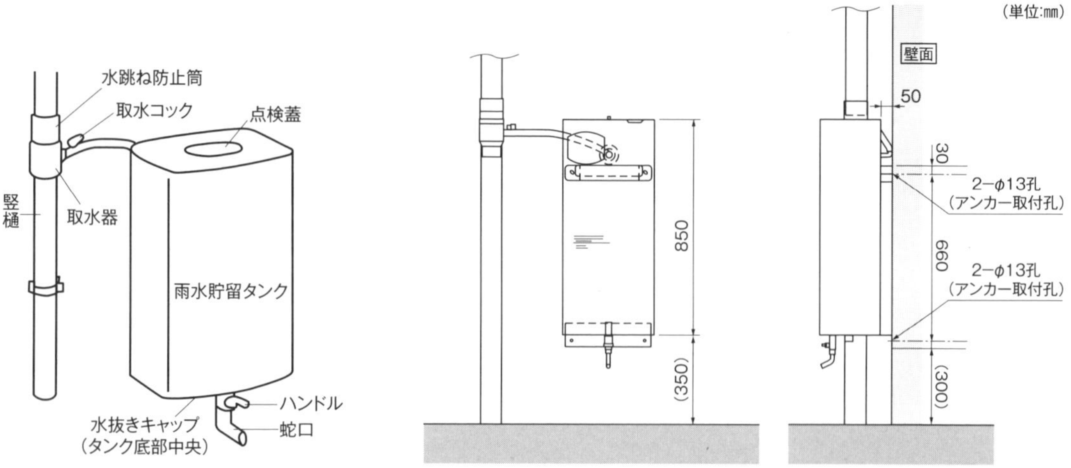
(単位:mm)
水跳ね防止筒
取水コック
点検蓋
竪樋
取水器
雨水貯留タンク
ハンドル
水抜きキャップ
(タンク底部中央)
蛇口
850
(350)
壁面
50
30
2−φ13孔
(アンカー取付孔)
660
2−φ13孔
(アンカー取付孔)
(300)

まぁ、雨水利用の実用性はともかく壁面緑化や庇、よしず、すだれ…そういったものは昔から行われてきた電気を使わない省エネ法だ
省エネというと最新設備の性能ばかりに目がいきがちだが、最新のエアコンを1台入れるより、それを使わないで同じくらいの効果を得られれば、そのほうがよほど省エネだし、環境にもいいだろう

建築設備というのはただ、新しい設備をむやみやたらに使うのではなく…
太陽や風など自然の力を建物の形や向きなどの工夫によってうまく活用することのほうが大切だと私は思うけどな

ナ…ナナミ… もう泣くな… 今度、私が一緒に 種まいてあげるから
う…う
…枯れない？
あ…ああ 私にまかせておけ
ピョン
やったー ジージ、大好き!!
それはそうと、建太 もうすぐ約束の期限だが 図面はどうなんだ やっぱり無理だったか？
やっぱり私が描くか？
何言ってんだ もうすぐ、オヤジが あっと驚く図面が 完成するっつーの!!
…それよりオヤジ 間接照明のやり方 イマイチわかんねーん だけどさ…
フフッ
はぁ、お前は… いいか
ん？ どうした友子 嬉しそうな顔して
え？ ううん
なんかさあ、すごく 楽しみだなーって思ってさ 家建つの

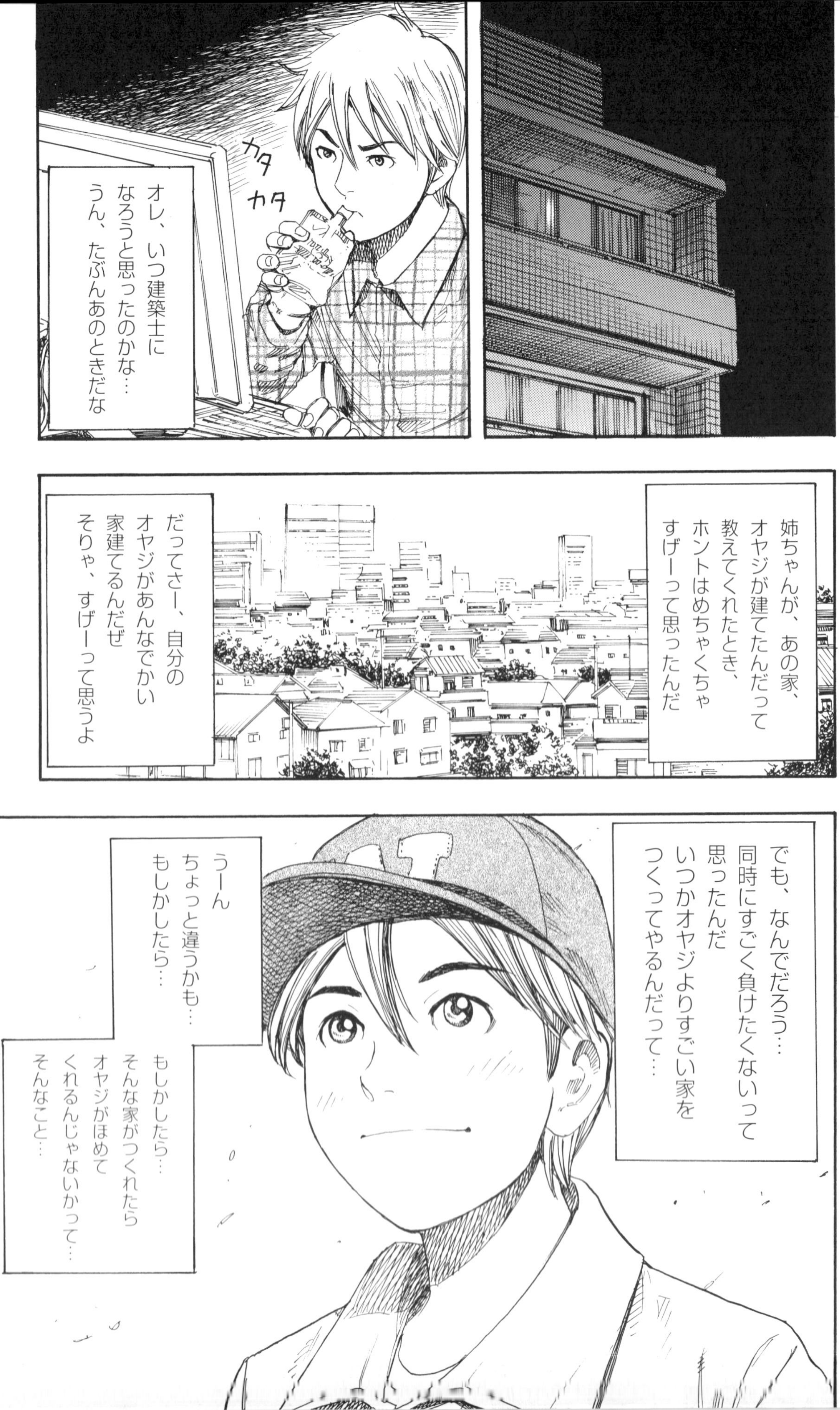

カタ カタ
オレ、いつ建築士になろうと思ったのかな…うん、たぶんあのときだな
姉ちゃんが、あの家、オヤジが建てたんだって教えてくれたとき、ホントはめちゃくちゃすげーって思ったんだ
だってさー、自分のオヤジがあんなでかい家建てるんだぜそりゃ、すげーって思うよ
でも、なんでだろう…同時にすごく負けたくないって思ったんだいつかオヤジよりすごい家をつくってやるんだって…
うーんちょっと違うかも…もしかしたら…
もしかしたら…そんな家がつくれたらオヤジがほめてくれるんじゃないかって…そんなこと…

チチチッ…
スッ
ふう…
よくやったじゃないか建太

7年後
ピンポーン
はーい
ガチャ
あら、どうしたの建太、こんな時間に
近くで打ち合わせがあってさ
そーなんだ
建太―――! 野球やろ、野球!!
おー、タクヤ相変わらず元気だな
もー、タクヤ迷惑でしょ!

こっち来な！
ホントにバカ
なんだから
うーー
おお、ナナミ、久しぶりだな
ちょっと見ないうちに
お姉ちゃんぽくなったな
別に…
なにに照れて
んのよー
あんた
そういえば、さっき
庭のほう見たんだけど
すごくきれいな
緑のカーテンだよね
そーなの
近所でも評判なのよ！
これもあんたの設計の
おかげね
あんたのほうは
最近どうなの？
仕事とか
あ、いま大きなプロジェクトに
ちょこっとかかわらせてもらってさ
まあ、忙しいっちゃー忙しいのかな
はー
あんたも立派に
なったもんね
プルルルル
あ、オヤジ……

こらー、建太！テメー、なにあんな初歩の計算間違ってんだ!! 本当に建築士免許もってんのか！
メーワクだ！免許返してこい
んだとジジィ！ケンカ売ってんのか!!
あらら…やっぱ変わってなかったわ
もう一回言ってみろジジー！
建太野球、野球！
オギャーオギャー！
だからダメって言ってんでしょ！
はい、はいみんなゴハンにしましょうか建太、食べていかない？ゴーヤ、イヤってほどとれたから
おわり

監修　山田浩幸　yamada hiroyuki

建築設備課、環境エンジニア
1963年新潟県生まれ。東京読売理工専門学校建築設備学科卒業後、日本設備計画、郷設計研究所を経て2002年にyamada machinery office（ymo）設立。主に戸建住宅、集合住宅の設備設計を手がける。また、執筆書籍『エアコンのいらない家』の読者からの住宅設計の依頼を受けて、設備事務所でありながら、住宅建築設計を数多く手がける。著書に『エアコンのいらない家』『世界でいちばんやさしい建築設備』『建築設備パーフェクトマニュアル』（エクスナレッジ）『まるごとわかる住まいの建築設備』（オーム社）などがある。「平安郷プロジェクト」第6回環境・設備デザイン賞2007優秀賞、「湧き水の家」第10回JIA環境建築賞住宅部門入賞、「風道の家」住まいの環境デザイン・アワード2012環境デザイン最優秀賞受賞、「狭山ひかり幼稚園」日本建築学会作品選奨2013など、環境との共生をテーマにした先進的な設備計画による受賞歴多数

漫画　小林苗　kobayashi nae

大阪府出身。「ビッグコミックスペリオール」増刊でデビュー。「漫画ゴラク」増刊、「ビッグコミックスピリッツ」などで短期掲載

ストーリーで
面白いほど頭に入る
建築設備

2018年12月28日　初版第1刷発行
2021年7月1日　第2刷発行

監修　山田浩幸

漫画　小林苗

発行者　澤井聖一

発行所　株式会社エクスナレッジ
〒106-0032 東京都港区六本木7-2-26
https://www.xknowledge.co.jp/

問合せ先

編集　Tel 03-3403-1381／Fax 03-3403-1345
info@xknowledge.co.jp
販売　Tel 03-3403-1321／Fax 03-3403-1829